新时代新理念职业教育教材·交通运输大类

行业紧缺人才、关键岗位从业人员培训推荐教材

航空运输类、铁道运输类、水上运输类、城市轨道交通类专业通用教材

乘务人员服务礼仪
与形体训练

主　编　张天航　张宏权　吴　琪

副主编　郑学良　张　颖　张雨晴

北京交通大学出版社

·北京·

内 容 简 介

本书对乘务人员服务礼仪、形体训练知识进行了系统介绍,共包括9个项目,分别为礼仪认知、乘务服务礼仪认知、乘务服务礼仪实务、乘务服务礼仪技巧、形体训练概述、姿态训练、形体素质与动作协调训练、形体训练进阶、气质培养。本书内容精练,图文并茂,适合作为应用型本科院校、高职院校、中职学校的课堂教学用书,也可作为企业培训教材。

图书在版编目(CIP)数据

乘务人员服务礼仪与形体训练 / 张天航,张宏权,吴琪主编. —北京:北京交通大学出版社,2024.5

ISBN 978-7-5121-5257-1

Ⅰ. ① 乘… Ⅱ. ① 张… ② 张… ③ 吴… Ⅲ. ① 乘务人员-礼仪 ② 乘务人员-形体-训练 Ⅳ. ① F5

中国国家版本馆 CIP 数据核字(2024)第 110180 号

乘务人员服务礼仪与形体训练
CHENGWU RENYUAN FUWU LIYI YU XINGTI XUNLIAN

策划编辑:刘 辉 责任编辑:刘 辉	
出版发行:北京交通大学出版社	电话:010-51686414 http://www.bjtup.com.cn
地 址:北京市海淀区高梁桥斜街44号	邮编:100044
印 刷 者:艺堂印刷(天津)有限公司	
经 销:全国新华书店	
开 本:185 mm×260 mm 印张:11 字数:280千字	
版 印 次:2024 年 5 月第 1 版 2024 年 5 月第 1 次印刷	
印 数:1~3 000 册 定价:49.80 元	

本书如有质量问题,请向北京交通大学出版社质监组反映。对您的意见和批评,我们表示欢迎和感谢。

投诉电话:010-51686043,51686008;传真:010-62225406;E-mail:press@bjtu.edu.cn。

前言

　　根据教育部颁布的《职业教育专业简介》（2022年修订）和高等职业学校专业教学标准，服务礼仪成为空中乘务、铁道运营管理、高速铁路客运乘务、城市轨道交通运营管理、国际邮轮乘务管理等专业的专业基础课，其重要性得到了广泛认同。本书将服务礼仪与形体训练两大知识技能进行融合，使服务礼仪的培养以形体训练为依托，更加具有教学的可操作性。本书对乘务人员服务礼仪、形体训练知识进行了系统介绍，共包括9个项目，分别为礼仪认知、乘务服务礼仪认知、乘务服务礼仪实务、乘务服务礼仪技巧、形体训练概述、姿态训练、形体素质与动作协调训练、形体训练进阶、气质培养。本书内容精练，图文并茂，适合作为应用型本科院校、高职院校、中职学校的课堂教学用书，也可作为企业培训教材。

　　本书由张天航、张宏权、吴琪担任主编，张颖、张雨晴担任副主编，具体编写分工如下：项目一、项目二由张天航编写，项目三、项目四由张宏权编写，项目五、项目六由吴琪编写，项目七、附录A由郑学良编写，项目八由张颖编写，项目九由张雨晴编写。

　　由于编写人员的水平有限，本书不足之处在所难免，恳请广大读者批评指正。

　　反馈本书意见、建议，索取相关教学资源可与出版社编辑刘辉联系（邮箱：hliu3@bjtu.edu.cn，微信：BJTUPLLT）。

编　者

2024年5月

目录

项目一

礼仪认知

项目导入

　　礼仪是人们文明程度和道德修养的一种外在表现形式，是人际交往的通行证。我国是礼仪之邦，我国传统礼仪起源于原始社会，经过不断发展，逐步形成了现代礼仪规范。乘务人员只有具备了基本的礼仪素养，才能树立良好的精神风貌，落实旅客至上的服务理念。

▲ **项目知识结构框图** ▲

任务一 　 初识礼仪

知 识 点

（1）礼仪的起源；
（2）礼仪的不同发展阶段；
（3）礼仪的内涵和分类。

能力要求

（1）总结礼仪的起源和发展；
（2）明确礼仪的分类和适用范围。

一、礼仪的起源与发展

1. 礼仪的起源

礼仪的起源，可以从理论和仪式两方面来论述。

从理论层面看，礼的产生，是人类协调主客观矛盾的需要，是维护正常的"人伦秩序"的需要。人类想要生存和发展，就必须与大自然抗争，需要以群居的形式相互依存，人类的群居性使得人与人之间既相互依赖又相互制约。在群体生活中，男女有别，老少有异，人们逐步积累和自然约定出一系列"秩序"，这些秩序既有人伦秩序，也包括被所有成员共同认定和维护的社会秩序，这些秩序形成了最初的礼。

从仪式层面看，礼产生于原始宗教的祭祀活动。礼最初以祭天、敬神为主要内容。这些祭祀活动逐步建立了相应的规范和制度，形成了祭祀礼仪。随着人类对自然与社会各种关系认识的逐步深入，仅以祭祀天地、鬼神、祖先为礼，已经不能满足人类日益发展的精神需要，也无法调节日益复杂的现实关系。人们开始将事神致福活动中的一系列行为，从内容到形式扩展到各种人际交往活动中，从最初的祭祀之礼扩展到社会各个领域的各种各样的礼仪。

2. 我国礼仪的发展历程

礼仪自产生以来不断发生着变革。相关学者研究认为我国礼仪的发展可以分为五个阶段。

1）礼仪的起源时期：夏朝以前

礼仪起源于原始社会。在原始社会中晚期出现了早期礼仪。整个原始社会是礼仪的萌芽时期，礼仪较为简单和虔诚，还不具有严格的阶级性。

这个阶段的礼仪的内容包括：明确血缘关系的婚嫁礼仪；区别部族内部尊卑的礼制；为祭天敬神而确定的一些祭典仪式；一些在人们的相互交往中表示礼节和表示恭敬的动作。

2）礼仪的形成时期：夏、商、西周

人类进入奴隶社会，统治阶级为了巩固自己的统治地位，把原始的礼仪发展成符合奴隶社会政治需要的礼制，礼被打上了阶级的烙印。

在这个阶段，我国第一次形成了比较完整的国家礼仪制度。一些影响深远的古代礼制典籍撰修于这一时期，如周代的《周礼》等，这些作品是我国最早的礼仪学专著。这些著作的出现标志着我国古代礼仪已初步进入了系统、完备的阶段，礼仪从单纯祭祀天地、鬼神、祖先的形式，发展为全面制约人们行为的社会规范体系。

3）礼仪的变革时期：春秋战国时期

春秋战国时期，我国思想界出现了百家争鸣的局面。以孔子、孟子、荀子为代表的诸子百家对礼仪进行了研究，系统阐述了礼仪的起源、本质和功能，第一次对社会等级秩序的划分及其意义在理论上进行了论述。

孔子对礼仪非常重视，他要求人们用礼的规范来约束自己的行为，要做到"非礼勿视，非礼勿听，非礼勿言，非礼勿动"。他把"礼"看成是治国、安邦、平定天下的基础。他认为"不学礼，无以立"，"质胜文则野，文胜质则史。文质彬彬，然后君子"，强调人与人之间要有同情心，要相互关心，彼此尊重。

孟子把"礼"解释为对尊长和宾客的严肃而有礼貌，即"恭敬之心，人皆有之"，并把"礼"

看作是人"善性"的发端之一。

荀子把"礼"作为人生哲学思想的核心，把"礼"看作是做人的根本目的和最高理想，即"礼者，人道之极也"。他认为"礼"既是目标、理想，又是行为过程，强调"人无礼则不生，事无礼则不成，国家无礼则不宁"。

管仲把"礼"看作是人生的指导思想和维持国家的第一支柱，认为礼关系到国家的生死存亡。

4）礼仪的强化时期：秦汉到清末

在我国长达两千多年的封建社会里，尽管在不同的朝代，礼仪具有不同的政治、经济、文化特征，但却有一个共同点，这就是礼仪一直为统治阶级所利用，是维护封建社会等级秩序的工具。

这一时期，礼仪的重要特点是尊君抑臣、尊夫抑妇、尊父抑子、尊神抑人。纵观封建社会的礼仪，其内容大致涉及国家政治的礼制和家庭的伦理两类。这一时期的礼仪构成中华传统礼仪的主体。

古代礼仪场景如图 1-1 所示。

图 1-1　古代礼仪场景

5）现代礼仪的发展

辛亥革命以后，受西方资产阶级"自由、平等、民主、博爱"等思想的影响，我国的传统礼仪规范、制度受到强烈冲击。新文化运动对腐朽、落后的礼仪进行了抨击。符合时代要求的礼仪被继承、完善、流传，而那些繁文缛节逐渐被抛弃，同时我国接受了一些国际上通用的礼仪形式。新的礼仪标准、价值观念得到了推广和传播。中华人民共和国成立后，特别是改革开放以来，随着我国与世界的交往日趋频繁，西方一些现代的礼仪、礼节陆续传入我国，西方礼仪同我国的传统礼仪一起融入社会生活的各个方面，构成了我国现代礼仪的基本框架。当前，我国的许多礼仪从内容到形式都在不断变革，现代礼仪的发展进入了全新的发展阶段。

现代礼仪训练实景如图 1-2 所示。

图 1-2　现代礼仪训练实景

二、礼仪的内涵和分类

1. 礼仪的概念

礼仪是人们在社会交往中受历史传统、风俗习惯、宗教信仰、时代潮流等因素的影响而形成的，既为人们所认同，又为人们所遵守，是以建立和谐关系为目的的各种符合礼的精神及要求的行为准则和规范的总和。

礼仪经过不断发展，成为人类维系社会正常生活而共同遵守的道德规范并以风俗、习惯和传统等方式固定下来。对一个人来说，礼仪是一个人的思想道德水平、文化修养、交际能力的外在表现，对一个社会来说，礼仪是一个国家社会文明程度、道德风尚和生活习惯的反映。礼仪包括"礼"和"仪"两部分。

"礼"是最高的自然法则，是自然的总秩序、总规律。春秋时期著名政治家子产说："夫礼，天之经也，地之义也，民之行也。"（《左传·昭公二十五年》）"礼"是中国文化之表征，与政治、法律、宗教、哲学，乃至文学、艺术等结为一个整体，是中国文化的根本特征与标志。"礼"也是在道德层面上对其他人的尊重，荀子曰："礼者，敬人也。"

"仪"有两层含义，一是指容貌举止，如《诗经·大雅·烝民》中的"令仪令色，小心翼翼"；二是指法度、标准，如《国语·周语下》中的"度之于轨仪"，《淮南子·修务训》中的"设仪立度，可以为法则"，这里的"仪"是指治理国家的法度。

英语"etiquette"（礼仪）一词源于法语，即"法庭上的通行证"，表示持证者进入法庭必须遵守相应的规矩和准则。后来被英语吸收后，词义有所变化，"礼仪"延伸成"人际交往的通行证"。随着社会生活的发展，"礼仪"一词逐渐专指礼节、礼貌和行为规范。

2. 礼仪的内涵

1）礼仪的定义

从广义上讲，礼仪是人们在社会交往活动中形成的行为规范与准则，是礼节、礼貌、仪表、仪式等的总称，其涉及社会、道德、习俗、宗教等方面，是个人道德、修养程度及社会整体文明的一种外在表现形式。

从狭义上讲，礼仪指的是国家、政府机构、人民团体、企业机构在正式活动和一定环境中采取的行为、语言等规范；是在较大或较隆重的正式场合，为表示对接待对象的尊重所举行的合乎社交规范和道德规范的仪式；是社会交往中在礼遇规格、礼宾次序等方面应遵循的礼貌、礼节要求，一般通过集体的规范仪式和程序行为来体现。

从内容上来看，礼仪是由主体、客体、媒体、环境四项基本要素所构成的。

礼仪的主体，指的是礼仪活动的组织和实施者。当礼仪活动规模较小、较为简单时，其主体通常是个人。当礼仪活动规模较大、较为复杂时，其主体通常是组织。没有礼仪主体，礼仪活动就不可能进行，礼仪也就无从谈起。

礼仪的客体，指的是礼仪的对象，即礼仪活动的指向者和承受者。礼仪的客体可以是人，也可以是物；可以是物质的，也可以是精神的；可以是具体的，也可以是抽象的；可以是有形的，也可以是无形的。礼仪的客体与礼仪的主体二者之间既对立，又依存，而且在一定条件下相互转化。

礼仪的媒体，指的是礼仪活动所依托的媒介。它实际上是礼仪内容与礼仪形式的统一。任何礼仪都必须具有礼仪媒体，没有媒体的礼仪是不可能存在的。礼仪的媒体，具体由人体礼仪媒体、物体礼仪媒体、事体礼仪媒体等构成。在具体的礼仪操作过程中，这些不同的礼仪媒体往往是交叉、配合使用的。

礼仪的环境，指的是礼仪活动得以进行的特定的时空条件。一般而言，礼仪的环境可以分为礼仪的自然环境与礼仪的社会环境。礼仪的环境，经常制约着礼仪的实施。不仅实施何种礼仪受到礼仪环境的影响，而且具体的礼仪实施方法也受到礼仪环境的影响。

2）礼仪的多角度定义

从不同的角度，我们还可以对礼仪做出多种不同的解释。

从个人修养上来讲，礼仪是个人素质的外在表现。也就是说，礼仪体现了一个人的内在修养，即教养。

从道德上来讲，礼仪可以被界定为包括做人、做事方面的行为规范或行为准则。

从交际上来讲，礼仪是人际交往中的一种行为艺术。

从民俗上来讲，礼仪既可以说是在人际交往中必须遵守的律己、敬人的习惯形式，也可以说是在人际交往中约定俗成的表示尊重、友好的习惯做法。

从传播上来讲，礼仪可以说是一种在人际交往中进行相互沟通的技巧。

从审美上来讲，礼仪可以说是一种形式美，它是人的心灵美的外化。

了解上述各种对礼仪的解释，可以进一步地加深对礼仪的理解，并且更为准确地把握礼仪的内涵。

礼仪既然是社会交往中表示尊重和友好的行为规范，那么在人们交往的时候就一定会用到礼仪。人们的社会交往行为非常复杂，为了便于认识与学习，我们可以根据不同性质的交往划分出各种礼仪。例如根据行业的不同，可以分为铁路客运礼仪、城市轨道交通客运礼仪、航空礼仪、邮轮礼仪、酒店礼仪、商务礼仪等；从交往的程序和过程来看，可以分为见面礼仪、沟通礼仪、宴请礼仪、送客礼仪等；如果从行为主体来分，又可以分为个人礼仪、家庭礼仪、团体礼仪、国家礼仪等。

不同的社会交往要求不同类型的礼仪行为，不能相互混淆，也不能不顾特点照搬一般的礼仪。例如同样是服务行业，酒店服务与乘务服务在服务过程中有很大差异，照搬酒店服务人员的培训方法培训乘务人员，实际上忽略了乘务工作的特点。

3. 礼仪的分类

礼仪存在于人们日常生活、工作中的各个方面，礼仪无处不在。根据礼仪的运用环境不同，可将礼仪分为以下几类。

1）个人礼仪

人是礼仪的行为主体，所以讲礼仪首先应该从个人礼仪开始。个人礼仪包括言谈举止、仪表服饰等多方面的礼仪要求。个人的形体礼仪、仪态礼仪、仪表礼仪、修养等均属于个人礼仪范畴。

形体礼仪训练场景如图 1-3 所示。

图 1-3　形体礼仪训练场景

2）生活礼仪

生活礼仪包括生活中的各类情况所须遵循的礼仪。例如：见面交谈礼仪、介绍宴请礼仪、校园礼仪、聚会礼仪、饮食礼仪、送礼礼仪、探病礼仪、结婚礼仪、祝寿礼仪、节庆礼仪、殡葬礼仪等。

宴请礼仪如图 1-4 所示。

图 1-4　宴请礼仪

3）社交礼仪

社交礼仪更为繁杂，通常包括见面与介绍礼仪，拜访与接待礼仪，交谈与交往礼仪，宴请与馈赠礼仪，舞会与沙龙礼仪，等等。

舞会礼仪如图 1-5 所示。

图 1-5　舞会礼仪

4）服务礼仪

服务礼仪是指各类服务行业的从业人员，在自己的工作岗位上所应遵守的礼仪。如乘务服务礼仪、酒店服务礼仪等。

酒店服务礼仪如图 1-6 所示。

图 1-6　酒店服务礼仪

5）公务礼仪

公务礼仪是具体工作产生的礼仪，如办公室礼仪、交接礼仪、会议礼仪、公文礼仪、迎送礼仪等。

会议礼仪如图 1-7 所示。

图 1-7　会议礼仪

6）商务礼仪

商务礼仪是指商务活动中的礼仪，包括柜台待客礼仪、商业洽谈礼仪、推销礼仪、商务文书礼仪、公关礼仪等。

商务洽谈礼仪如图 1-8 所示。

图 1-8　商务洽谈礼仪

7）其他礼仪

其他礼仪如习俗礼仪、民族礼仪、宗教礼仪、涉外礼仪等。

不同的社会交往要求运用不同类型的礼仪行为，有些情况下，不同类型的礼仪行为可相互借鉴，但更多时候却要避免相互混淆。在礼仪的学习及运用过程中，要学会灵活掌握、因地制宜。例如，高速铁路客运服务人员与金融投资产品销售人员的服务礼仪，在面对服务对象提供相关服务的过程中，对礼仪运用的要求就相差甚远。

任务二　礼仪的功能与特征

知识点

（1）礼仪的功能；
（2）礼仪的特征；
（3）现代礼仪应遵循的原则。

能力要求

（1）了解礼仪的功能；
（2）掌握礼仪的特征；
（3）明确现代礼仪应遵循的原则。

一、礼仪的功能

我国作为文明古国和礼仪之邦，礼仪的观念贯穿古今，礼仪在人们生活、工作、社交中始终起着至关重要的作用。礼仪的功能如下。

1. 礼仪具有教育功能

礼仪是人类社会进步的产物，是文化的重要组成部分。礼仪蕴含着丰富的文化内涵，体现着社会的要求与时代的精神。礼仪通过评价、劝阻、示范等教育形式纠正人们不正确的行为，指导人们按礼仪规范的要求去协调人际关系，维护社会正常秩序。有道德才能高尚，有礼仪才能文明，对国民进行礼仪教育，可以有效地促进国民综合素质的提高。

2. 礼仪具有沟通功能

礼仪行为是一种信息性很强的行为，每一种礼仪行为都表达一种甚至多种信息。在人际交往中，交往双方只有按照礼仪的要求，才能更有效地向交往对象表达自己的尊敬、善意和友好，人际交往才可以顺利地进行和延续。热情的问候、友善的目光、亲切的微笑、文雅的谈吐、得体的举止等，不仅能唤起人们的沟通欲望，建立起好感和信任，而且可以促成交流的成功，进而有助于事业的发展。

3. 礼仪具有协调功能

在人际交往中，不论体现的是何种关系，维系人际之间沟通与交往的礼仪，都承担着十分重要的"润滑剂"作用。礼仪的原则和规范，约束着人们的动机，指导着人们立身处世的行为方式。如果交往的双方都能够按照礼仪的规范约束自己的言行，不仅可以避免某些不必要的感情对立与矛盾冲突，还有助于建立和加强人与人之间相互尊重、友好合作的关系，使人际关系更加和谐，社会秩序更加有序。

4. 礼仪具有塑造功能

礼仪可以塑造形象，这种形象塑造包括个人形象塑造和组织形象塑造两方面。礼仪讲究和谐，重视内在美和外在美的统一。礼仪在行为美学方面指导着人们不断地充实和完善自我并潜移默化地熏陶着人们的心灵。礼仪让人们的谈吐变得越来越文明，人们的举止仪态变得越来越优雅并符合大众的审美原则，体现出时代的特色和精神风貌。

5. 礼仪具有维护功能

礼仪作为社会行为规范，对人们的行为有很强的约束力。在维护社会秩序方面，礼仪起着法律所起不到的作用。社会的发展与稳定，家庭的和谐与安宁，邻里的和谐，同事之间的信任与合作，都依赖于人们共同遵守礼仪的规范与要求。社会上讲礼仪的人越多，社会便会更加和谐与稳定。

二、现代礼仪的特征与应遵循的原则

现代礼仪是指人们在现代社会交往中共同遵守的行为准则和规范。它既可以单指表示敬意而隆重举行的某种仪式，又可以泛指人们在社会交往中的礼节、礼貌等。

随着社会的发展，礼仪已经由维护封建统治的古代礼仪，逐步演变为规范人们的行为、举止，强调人的尊严，强调人与人之间建设性的互助合作，强调公共领域与私人领域的边界，强调职业伦理对职业行为的规范等的现代礼仪。

1. 现代礼仪的特征

1）国际性

随着近代工业的迅速兴起，商品经济、交通、通信事业日益发达，人际交往日趋频繁，人们更需要用"礼节"来调节和增进彼此间的关系，礼仪成了人们社会生活中不可或缺的东西。讲究礼节、注意礼貌、遵守一定的礼仪规范，已成为现代社会生活的一项重要标志。现代社会已经在讲文明、懂礼貌、相互尊重原则的基础上形成了完善的礼节形式。

2）民族性

礼仪作为约定俗成的行为规范，有明显的民族差异性。无论从礼仪的起源还是从礼仪的内涵来看，不同的地域、不同的民族、不同的文化等都会造成礼仪的差异性，也就是礼仪的民族性。正是由于礼仪的民族性，才显示出各自民族不同的文化、不同的宗教观念、不同的习俗等；同时，也正是由于礼仪的民族性，才使得礼仪文化丰富多样、精彩纷呈。

3）继承性

礼仪一旦形成，通常会长期沿袭，经久不衰，这是由礼仪的性质决定的。礼仪不是凭空出现的，它是在不断继承旧的传统礼仪的基础上推陈出新的。旧礼仪中的精华会作为人类文明的结晶而传承下来。如西方礼仪中的很多礼节、礼貌一直延续到现在，成为现代礼仪不可缺少的部分。

4）时代性

礼仪不是一成不变的，它是随着时代的发展而发展的。礼仪是规范和约束人的社会行为的，这一特点决定了礼仪具有一定的滞后性。随着时代和社会的发展，人们必须对礼仪的滞后性进行修正，甚至摧毁，因此，礼仪会在传统观念的基础上不断更新，以适应时代的要求。

2. 现代礼仪应遵循的原则

在日常生活、工作中，要学习、使用礼仪，必须了解一些具有普遍性、共同性、指导性的礼仪原则。在日常生活、工作中，人们应当以现代礼仪为基础，掌握约定俗成的规则，任何胡作非为、我行我素的行为，都是违背现代礼仪要求的。现代礼仪是以平等、适度、自律为原则的。

1）平等原则

现代礼仪以平等原则为基础。平等原则通俗地说就是以礼待人，礼尚往来，既不盛气凌人，也不卑躬屈膝。

平等原则要求我们在处理人际关系时，尤其是在服务接待工作中，对服务对象，不论是外宾还是本国同胞，不论富有还是贫穷，不论年长还是年幼，都要满腔热情、一视同仁地对待，应本着"来者都是客"的真诚态度，以优质服务取得宾客的信任，使他们乘兴而来，满意而去。

2）适度原则

适度原则是指在礼仪交往中要把握分寸，即根据具体情境使用相应的礼仪。例如在与人交往时：既要彬彬有礼，又不能低三下四；既要热情大方，又不能轻浮阿谀；要自尊，不要自负；要坦诚，但不能粗鲁；要信人，但不要轻信；要活泼，但不能轻浮。

运用礼仪时，假如做得过了头，或者做得不到位，都不能正确地表达自己的律己、敬人之意。当然，运用礼仪要真正做到恰到好处、恰如其分，须勤学多练，积极实践，才能有良好的效果。

3）自律原则

礼仪作为行为的规范、处事的准则，反映了人们共同的利益要求。每个人都有责任、义务去维护它、遵守它。各种类型的人际交往，都应当自觉遵守现代社会早已达成共识的道德规范。在人际交往中，交往双方都希望得到对方的尊重，因此我们应该首先检查自己的行为是否符合礼仪的规范要求，主动做到严于律己，宽以待人。只有这样，才能在人际交往中塑造自身良好的形象并得到别人的尊重。

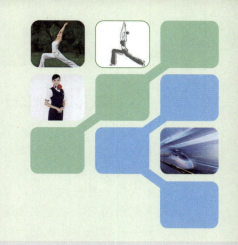

项目二

乘务服务礼仪认知

项目导入

　　在了解礼仪基础知识的基础上，我们开始对乘务服务礼仪的基础知识进行学习，乘务服务礼仪的概念和作用、乘务服务理念、乘务服务心理及本项目的介绍重点。

◤ 项目知识结构框图 ◢

任务一　乘务服务礼仪的概念和作用

知识点

（1）服务礼仪的概念和内涵；
（2）乘务服务礼仪的概念；
（3）乘务服务礼仪的作用和基本原则。

能力要求

（1）了解服务礼仪的概念和内涵；
（2）掌握乘务服务礼仪的概念；
（3）明确乘务服务礼仪的作用和基本原则。

一、服务礼仪的概念和内涵

1. 服务礼仪的概念

礼仪的"礼"表示尊重，即在人际交往中既要尊重自己，也要尊重别人，是一种待人接物的基本要求。礼仪的"仪"字表示仪式，即尊重自己、尊重别人的表现形式。礼仪就是律己、敬人的一种行为规范，是表现对他人尊重和理解的过程和方式。礼仪是为人们所认同，又为人们所遵守，以建立和谐关系为目的的各种符合交往要求的行为准则和规范的总和。

服务礼仪属于礼仪的一种，是指在各种服务工作中形成的，得到共同认可的礼节和仪式，是服务人员在服务过程中恰当表示对服务对象的尊重和与服务对象进行良好沟通的技巧和方法。

2. 服务礼仪的内涵

服务礼仪的内涵主要体现为以下三点。

1）服务礼仪是服务工作的规范或准则

服务礼仪表现为一定的章法，即在投入某项工作之前，应先对该工作领域的习俗和行为规范有所了解，并按照这样的习俗和行为规范去开展工作。

2）服务礼仪是一定社会环境下的约定俗成

在社会实践中，礼仪往往首先表现为一些不成文的规矩、习惯，然后才逐渐上升为公众认可的，可以用语言、文字、动作来做准确描述和规定的行为准则，并成为人们有章可循、可以自觉学习和遵守的行为规范。

3）服务礼仪是一种和谐的人际关系

讲究礼仪的目的是实现社会交往各方的互相尊重，从而达到人与人之间关系的和谐。在现代社会，礼仪可以有效地展现施礼者和受礼者的教养、风度与魅力，它体现着一个人对他人和社会的认知水平、尊重程度，是一个人的学识、修养和价值的外在表现。一个人只有在尊重他人的前提下，自己才会被他人尊重。人与人之间的和谐关系，也只有在这种互相尊重的过程中，才会逐步建立起来。

二、乘务服务礼仪的概念

乘务服务礼仪是乘务人员与旅客交往过程中所应具有的相互尊重、亲善、友好的行为规范和艺术，是"以客为尊、以人为本"理念的具体体现，也是交通运输行业优质服务的重要组成部分。对乘务人员来讲，规范、正确的服务礼仪能够展示自身的外在美和内在修养，能够使乘务人员拉近与旅客的距离，赢得旅客的满意和信任，提升企业形象，实现服务品牌的增值。

一般来说，可以把我国交通运输行业的服务礼仪的发展分为两个阶段。第一阶段是以管理为目标的乘务服务礼仪，对客运服务质量和服务礼仪方面的要求力度不够，该现象在20世纪尤为明显，对旅客冷言冷语，甚至是辱骂旅客的现象都时有发生。第二阶段是以服务为目标的乘务服务礼仪，随着经济快速的发展和交通运输系统建设投资的扩大，我国交通流量井喷式增长，乘务服务代表着整个城市的形象，这就导致运输企业对服务质量、服务礼仪的高度重视，把其上升到塑造企业外部形象和塑造城市乃至国家形象的高度。近些年，我国的运输企业开始下大力气提高内部管理控制水平，提升服务质量以获取旅客的高满意度。

对于广大乘务人员来讲，提升自己的服务水平和质量，首先，要加强爱岗敬业和职业道德教育，树立正确的人生观和价值观，形成讲奉献、比进取的良好氛围；其次，要注重提高自己的服务意识，关注服务细节，掌握整个服务过程中旅客的需求；最后，要从服务形象、服务礼仪、服务姿态、服务用语等基础的技能培训着手，不断改进服务工作，提升服务水平，树立良好的窗口形象。

乘务人员如图 2-1 所示。

（a）航空乘务人员

（b）高铁乘务人员

（c）城市轨道交通乘务人员

（d）邮轮（旅游船）乘务人员

图 2-1　乘务人员

三、乘务服务礼仪的作用

乘务服务礼仪是乘务人员在其岗位上通过言谈、举止等对旅客表示尊重和友好的行为规范。它是交通运输行业优质服务的重要组成部分，重视乘务服务礼仪不仅有利于提高员工个人的内在修养，而且能够提升运输企业的形象。

1. 提高自身修养，改善人际关系

在人际交往中，礼仪往往是衡量一个人文明程度的标准之一。它不仅反映一个人的交际技巧与应变能力，而且还反映其气质风度、阅历见识、道德情操、精神风貌。运用礼仪，有益于人们更规范地设计个人形象，维护个人形象，也有益于人们更充分地展示个人的良好教养与优雅风度。礼仪还可以使个人在交际活动中充满自信，胸有成竹，更好地向交往对象表达自己的尊重、敬佩、友好与善意，增进彼此之间的了解与信任。

2. 提升企业形象，提高旅客满意度

良好的服务礼仪能够提高旅客满意度，减少投诉的发生。乘务人员每天要面对成千上万不同年龄、不同性别、不同性格和不同文化程度的旅客，每天都要与陌生人沟通。面对同样

的问题，有些乘务人员无法平息旅客的怒气，有些乘务人员却能三言两语把问题处理得很妥当，这就是服务礼仪的魅力。

四、乘务服务礼仪的基本原则

1. 尊重

"礼者，敬人也"，这是对礼仪核心思想的高度概括。所谓尊重原则，就是要在服务过程中，将对旅客的重视、恭敬、友好放在第一位，这是礼仪的重点与核心。因此在服务过程中，首要的原则就是敬人之心长存，掌握了这一点，就等于掌握了礼仪的灵魂。在人际交往中，只要不失敬人之意，哪怕具体做法一时失当，也容易获得服务对象的谅解。

2. 真诚

服务礼仪所讲的真诚原则，就是要求在服务过程中，必须待人以诚，只有如此，才能表达对客人的尊敬与友好，才会更好地被对方所理解，所接受。与此相反，倘若仅把礼仪作为一种道具和伪装，在具体的服务工作中口是心非，言行不一，则有悖于礼仪的基本宗旨。

3. 宽容

宽容原则就是要求在服务过程中，既要严于律己，更要宽以待人。要多体谅他人，多理解他人，学会与服务对象进行心理换位，不求全责备、咄咄逼人。

4. 适度

适度原则就是要求应用礼仪时，为了保证取得成效，必须注意技巧，合乎规范，特别要注意做到把握分寸，认真得体。凡事做过了头，或者做不到位，都不能正确地表达自己的律己、敬人之意。

5. 旅客至上

运输企业是从事旅客运输的服务行业，其生产效能是满足人们的出行需要，具有鲜明的社会服务特点。摆正自己与服务对象的关系位置，确立"服务为本，旅客至上"的道德意识，讲求服务信誉，千方百计维护旅客利益，全心全意为旅客服务，是乘务人员职业道德的核心。

任务二　乘务服务理念

知识点

乘务服务理念。

能力要求

将乘务服务理念融入实际工作中。

服务理念是指人们从事服务活动的主导思想意识和对服务活动的理性认识。服务理念是在一定的经济、文化环境的影响下，在实践中逐渐形成的。

乘务人员在工作中要贯彻"旅客至上""人性化""无干扰"的乘务服务理念。

一、贯彻"旅客至上"的服务理念

客运服务的对象是旅客，为旅客服务是旅客运输的中心工作。旅客是运输企业的衣食父母，必须把他们摆在"至上"的位置，此理念即"旅客至上"理念。这种服务理念是在人们生活水平提高、文化水平提高，以及市场竞争加剧的形势下逐渐形成的。"旅客至上"四个字，内涵丰富，要落实这个理念，须有正确的服务态度并将其贯彻到服务过程的始终。

"旅客至上"的理念是每个乘务人员必须遵循的。在工作过程中，要将全心全意服务旅客作为工作的重要前提，运输企业离不开旅客，旅客是我们服务的对象，旅客的到来，不是对我们的打扰，而是要享受我们的服务。旅客的合理需求应该得到满足，只有感受到热情周到的服务，旅客才会满意。乘务人员应真诚地体谅旅客、理解旅客，当旅客对服务提出意见时，应站在旅客的角度多检讨自己，纠正不足，更好地为旅客服务。

二、贯彻"人性化"的服务理念

旅客在旅行中的需求是运输企业提供服务的前提。旅客需求具有丰富的内容和层次，旅客出门旅行是一种有目的的活动，他们的情绪、愿望随时都会表现出来并带有强烈的个性心理特征。从服务与被服务的关系看，所谓人性化服务，就是乘务人员有针对性地满足旅客旅行个性化需求的服务。从心理学角度分析，人的需求分为生理需求、安全需求、社会需求、尊重需求和自我实现需求等。

就运输而言，基本需求主要指旅客在旅行过程中的基本生理需求，例如安全、准时地到达目的地，提供容身空间、吃饭、喝水、上厕所等便利条件。对所有旅客的基本需求均须满足，乘务服务工作首先要解决旅客的基本需求问题，基本需求不解决，谈不上满足高层次的需求。

在满足旅客的基本需求之后，服务的重点在于满足不同层次旅客的高层次需求。如：可重点介绍沿途的名胜、旅游的安全注意事项等；遇节假日可为旅客赠送节日礼品，开联欢晚会；为旅客过生日、为新婚青年开庆祝会等。通过这些活动，丰富旅客的旅行生活，使旅行成为一种享受，这些都是满足旅客高层次需求的表现。

要让旅客不仅"走得了"，更要"走得好"。例如过去运输企业总是把春运、暑运看作是负担，把"走得了"作为运输工作的目标。随着经营理念的改善，运输部门已经把"走得了"与"走得好"结合起来。以整洁的环境、完善的设施、高附加值的优质服务让广大旅客高高兴兴地到达目的地。"人性化"的服务理念将大幅度提升运输企业的竞争力。

例如：对单独乘车、行动不便的老年旅客、孕妇旅客，全程照顾服务；对残疾、重病旅客，提供轮椅、担架和"120"陪护服务；对 VIP 贵宾，提供安全、有序、顺畅的等候服务。人们能感受到运输部门对旅客的人性关怀，这便是贯彻"人性化"服务理念的表现。

三、贯彻"无干扰"的服务理念

标准化服务是乘务工作的特色，"无干扰"服务是旅客的需要。为了保证旅客运输的服务质量，运输部门长期执行的是标准化作业，乘务人员严格按作业标准为旅客提供服务。随着"人性化"服务理念的贯彻，开展"无干扰"服务的时机已经成熟。推行"四轻、三动"的无干扰服务法："四轻"为说话轻、走路轻、关门轻、动作轻；"三动"为旅客坐我勤动，旅客静我少动，旅客睡我轻动。

"无干扰"服务理念在做到"无需求无打扰"的同时，更要注意在旅客有需求时，做到及时提供相应的服务。旅客需要的部分服务如表 2-1 所示。

表 2-1　旅客需要的部分服务

序号	项目	需要的服务	提供服务的单位
1	计划旅行	获得各种详细的信息,如时刻表、客票、目的地旅馆、市内交通等信息	运输部门及相关单位
2	订票	多种便捷的售票、订票服务	运输部门及代理机构
3	托运行李	能方便地托运行李并能委托相应机构进行门到门服务	运输部门及相关单位
4	等候	舒适、安全的等候环境;便捷、安全的行李寄存服务;购物、就餐等商业活动	运输部门及商业机构
5	上车(机、船)	通过明确的指示标志,顺利登乘交通工具	运输部门
6	途中	舒适、安全的环境;正晚点信息;娱乐、餐饮、办公等环境	运输部门及餐饮机构
7	下车(机、船)	准确的到达、停留信息;换乘信息;目的地天气、旅馆信息	运输部门及相关单位
8	离开交通站场	通过明确的指示标志,顺利离开站场	运输部门
9	转乘市内交通	市内交通信息	相关单位
10	旅游或其他事宜	旅游信息或其他相关信息	相关单位

　　旅行中,旅客需要的服务很多,其中很多项目不是运输部门一家能完全提供的,但对旅客来说,只要他能以最便捷的方式得到高质量的服务,并不在乎这项服务由谁提供。例如,旅客到达目的地后需要去旅游,如果旅客在交通工具或站场的代理点办理旅游登记能够享受到同等质量的旅游服务,对其而言,也是一种便捷的选择。为了提供全方位、全过程的客运服务,运输部门必须与一些相关单位如邮政、商业机构进行合作,方便旅客的同时,也增强了运输部门的竞争力。

任务三　乘务服务心理

知识点

　　乘务服务心理。

能力要求

　　在了解旅客心理的基础上,具备良好的乘务服务心理素养。

一、旅客心理

1. 旅客旅行的心理活动

人的心理决定着人的行为。人的心理是人参与各项活动的内在动力。不同的旅客有着不同的心理。旅客选择交通工具出行的心理与在其他场合的心理是不一样的，有其特殊性。一个人从购票、进站场到到达目的地离开、验票出站场，其心理活动和行为往往会与平时的表现不同，安全、顺利、快捷、方便、经济、安静等的心理要求会比较突出。进站场能方便、舒适；乘坐时空间较大，空气清新，温度适宜；途中能消遣娱乐，听听新闻、看看文艺节目；希望能够提前通报到站站名，避免坐过站、下错站；出站时导引清楚，方便快捷；这些心理的满足是与其他场合不一样的，乘务人员必须了解这种特殊性，才能有针对性地做好服务工作，让旅客满意。

按照人类心理活动的规律性和层次性，可以把旅客旅行心理分为两大类：生理需求心理、精神需求心理。生理需求，也称为物质需求，包括吃、住、用等方面，其要求安全、舒适、方便、卫生。人们出门在外，首先顾虑的就是身体的安全和健康，只有在安全的前提下，才能顺利进行旅行活动并到达目的地。人们离开家门时，亲人、朋友都会预祝其"一路顺风"，意思就是平平安安到达目的地。这充分表明了人们把安全需求放在头等重要的地位。如果安全的需求得不到满足，这将是无法忍受的，会导致不良情绪的产生，使旅客烦闷、焦躁不安。

精神需求，是除了生理需求之外的其他需求，精神需求要求得到别人的关心、尊重、理解。乘务人员的关心、理解、尊重对旅客的旅行至关重要。旅客在站场及交通工具上难免产生寂寞感和孤独感，需要同别人接触交谈，需要相处和谐、愉快，希望欣赏歌曲、文娱节目。特别是老年旅客、行动不方便的旅客、带小孩的旅客更需要乘务人员给予特别的关心和照顾。

2. 旅客的心理活动分类

1）按自然构成分类

旅客的自然构成是指旅客性别、年龄的自然状况，如旅客按性别分男旅客、女旅客；按年龄分老年旅客、中年旅客、青年旅客、少年旅客、儿童旅客等。不同性别、不同年龄的旅客，其旅行目的、旅行需求、心理活动的表现方式等都是有区别的，应针对不同的对象，采取不同的服务方式。

2）按社会构成分类

旅客的社会构成是指旅客在职业、种族、国籍等不同的社会因素上的差异。不同的文化素养，从事不同的职业，不同的经历和经济收入，其心理需求便不一样，心理活动的表现形式也是不一样的。乘务人员应按旅客的社会构成来差异性地满足旅客的不同心理需求。

3. 旅客职业心理分析与服务

在社会生活中，由于职业的不同、经济收入的不同，形成不同的心理活动和需求是很正常的，因此，应根据不同职业旅客的心理活动，提供有针对性的服务。下面对工人、农民、公务员三种职业的旅客的心理进行分析。

工人旅客组织性、纪律性较强，经济收入不高，能体谅乘务人员工作的辛苦，能较自觉地遵守规章，协助和支持客运服务工作。

农民旅客出门打工谋生，他们往往是成群结队出行，携带的物品比较多，由于人数众多，又爱集中出行，容易形成客流高峰。如果是第一次出门，缺乏乘坐交通工具的常识，不会使用自动售、检票机，听不懂广播的内容，乘务人员对他们的询问要耐心给予解答。

公务员旅客有一定的文化修养，知识面广，希望有一个整洁卫生、安静舒适的环境。他们关心服务工作，很注意乘务人员的服务态度、服务作风、服务水平，常常提些意见和建议。因此为他们服务时尤其要注意做到文明礼貌、热情周到。

4. 旅客共性心理

旅客共性心理主要表现在要求人和物品快捷、安全到达目的地，环境舒适，人格受到尊重等方面。

1）要求方便快捷的心理

旅客选择交通工具出行，方便快捷是重要的考虑因素，乘务人员应竭尽全力满足旅客要求方便、快捷的心理。例如，高效稳妥地组织旅客上、下车（机、船）及乘坐电梯，到达前通告到站站名，等等，这些服务可以使旅客感到方便，心情舒畅。

2）要求安全的心理

所谓"一路平安"就是不发生任何旅客人身安全和财物安全的意外事故，这是大家的共同愿望。安全是旅客最核心的要求，运输企业必须保证旅客乘坐交通工具位移时，不发生运行、火灾、爆炸等事故，这就要求乘务人员将安全管理工作放在第一位，全力保证旅客的安全。

3）要求环境舒适的心理

随着人们生活水平的提高，旅客出门旅行的要求越来越高，对卫生环境的要求也越来越高。如果交通工具站场内是一个脏、乱、差、异味弥漫的环境，旅客自然心中不快；如果是一个清洁、卫生、舒适的环境则会使旅客心情愉快。

4）要求人格受到尊重的心理

尊重的需要包括自我尊重和得到别人的尊重。旅客不仅需要得到乘务人员的服务，更需要得到尊重，不能用不礼貌的语言和行为对待旅客，需要给予旅客包括国籍、民族、风俗习惯、兴趣爱好、年龄、性别、体态特征等方面的尊重。旅客在列车上，希望听到乘务人员对他们的尊称；希望乘务人员对他们热情而有礼貌，不说粗话、不讲脏话，说话态度和蔼。对经济收入不高的旅客，乘务人员不能流露出丝毫看不起的神态。对生理有缺陷的旅客，乘务人员不能有歧视的态度，要尽量提供方便，给予同情和照顾。有过错的旅客，也希望得到乘务服务人员的谅解和尊重，因此，乘务人员对旅客要一视同仁，平等待客，不以貌取人，不居高临下，不盛气凌人，坚持礼貌待客，微笑服务，做到旅客上车有迎声，问事求助有回声，工作失礼有歉声。

5）要求轻松愉快的心理

在交通工具上，人员集中，活动空间有限，空气不流通，容易使人心烦和困倦。为使旅客摆脱这种心理状态，可以通过播放旅游知识节目、文艺娱乐节目等形式增加旅行的情趣，旅客不仅可以增加一些见识，而且会感到轻松愉快。

二、乘务人员的服务心理

1. 乘务人员服务的基本原则

很多矛盾冲突往往是由于双方在交往过程中缺乏彼此尊重造成的，比如，乘务人员对于有意见的旅客反唇相讥、拿旅客的言行当谈资、以貌取人等，造成旅客对服务态度的投诉等。因此，乘务人员首先要学会尊重旅客，把握尊重旅客、理解旅客的服务内涵，学会从旅客的角度看待和处理问题。

1）热情待客

乘务人员在工作中不仅不能怠慢、排斥、挑剔旅客，而且还应积极、热情、主动地接近旅客，淡化彼此之间的戒备、抵触和对立情绪，将旅客当作家人来看待。

2）重视旅客

乘务人员对旅客的尊重应表现为真诚对待旅客，主动关心旅客的需求和感受。

3）赞美旅客

乘务人员应善于发现旅客的优点并进行发自内心的赞美。从心理学的角度来讲，每个人都喜欢听赞美之词，所有人都希望自己能够得到别人的欣赏与肯定。

2. 乘务人员的角色定位

（1）乘务人员是旅客的秘书，许多旅客对运输设备、设施和服务内容都不够了解，乘务人员应该向旅客进行耐心解释和热情服务，消除旅客的疑惑，为旅客提供满意的服务。

（2）旅客是运输企业及乘务人员的衣食父母，乘务人员的工作职责就是为旅客提供满意的服务，让旅客感觉到"宾至如归"，想旅客之所想、急旅客之所急，这样才能提升旅客的满意度和信任度。决不能对旅客不理不睬，置若罔闻。

（3）乘务人员还应根据运输行业的特点，在服务内涵方面进行准确定位，按照社会对自己所扮演的角色的常规要求、限制和看法，来对自己的形象进行设计。

3. 乘务人员的服务意识

（1）服务意识是满足旅客潜在需求的服务能力。乘务人员要能及时、准确地发现旅客的潜在需求，主动关心旅客，学会察言观色，主动与旅客沟通，通过旅客的言行举止来发掘旅客的潜在需求，尽可能地满足旅客的要求。

（2）积极主动地为旅客着想。乘务人员身负为旅客服务的责任，应该积极主动地想旅客之所想，急旅客之所急，为旅客排忧解难。

（3）耐心周到地为旅客服务。乘务人员应该根据不同旅客的性格特点，耐心地为旅客办理业务、解答咨询，用心为旅客服务。

4. 乘务人员的服务心态

很多乘务人员在服务的过程中受旅客情绪波动的影响，或由于工作中不顺心的事情而影响了为旅客服务时的态度和质量，牢骚满腹，甚至将不高兴的情绪传染给所服务的旅客，这必然会对旅客的心情产生影响，导致旅客对服务工作不满意。我们应清醒地认识到为旅客服务是每一位乘务人员的基本职责，不应该把自己的情绪带到工作中来，不能影响运输企业对外的形象。如果不积极调整自己的情绪，没有大局观念，就会直接影响到旅客对服务工作的满意度和自己的职业发展。

三、良好的心理素质及其培养训练的方法

1. 乘务人员良好心理素质的表现

1）情绪控制能力

情绪控制能力包含准确认识和表达自身情绪的能力、有效调节和管理情绪的能力两个方面的内容。

当客流量大的时候，情绪控制能力较强的乘务人员，能保持不急不躁、不慌不忙、镇定自若、沉稳冷静的情绪进行正常工作；情绪控制能力较弱的乘务人员，则表现为惊慌失措、思绪混乱、顾此失彼、额头和掌心冒汗、语调失控。当客流量小的时候，情绪控制能力较强的乘务人员能保持良好的精神面貌；情绪控制力较弱的乘务人员又呈现精力难以集中、心不在焉、掉以轻心的状态。因此，乘务人员拥有良好的情绪控制能力是非常重要的。

2）沟通协调能力

性格内向、孤僻、冷漠、敏感的乘务人员在沟通协调能力方面往往比开朗、大度、坦诚、

友善的乘务人员要差得多。

3）语言表达能力

语言表达能力对于乘务人员来说极其重要，语言是和旅客进行沟通的关键所在。有良好的语言表达能力才能为旅客更好地服务。因此，具备良好的语言表达能力是每位乘务人员必备的素质。

4）良好的意志品质

（1）自我激励。

无论身处怎样的境地，都应具有将自己的热情、能力调动起来形成强大动力的思想意识，只有具备这样的思想意识，才能始终保持乐观自信、积极进取的心态。

（2）对学习、工作有浓厚兴趣。

无论是谁，如果他对自己所做的事情没有兴趣，他是不会积极主动地去完成这件事情的，即使有外在的压力迫使，让他不得不去做，他也不会心甘情愿地去完成任务。相反，一个人从事自己所喜欢、感兴趣的工作，即使面临再大的困难，他也会积极地想办法去解决困难，完成任务。乘务人员要对自己从事的乘务事业保持浓厚的兴趣，用积极的心态去工作。

2. 良好心理素质的培养训练方法

心理素质主要体现在人的情绪、意志品质、气质和性格等多个方面。其实，对于乘务人员来说，坚忍的品质是心理素质中最为重要的素质之一。什么是坚忍？即坚持加忍耐。具体来说就是不受自己情绪的干扰，不受外界眼光及言论的影响，冷静从容地做自己该做的事。不祈求奇迹，不依赖他人，不满足现状，不放弃诚信，把改变现状、达成目标的责任承担起来。培养良好的心理素质要做到以下几点。

1）学会控制情绪

乘务人员在为旅客进行服务的时候可能会遇到一些刁蛮、说话粗鲁或是动手动脚的旅客，这时一定要控制好自己的情绪，一定要心平气和地对待每一位旅客。

2）要正确地认识、肯定自己

一个人不自信主要表现在以下两个方面：一是缺乏成功的体验；二是缺乏客观公正地进行自我评估的能力。要抛弃自卑，就要战胜自我，战胜自我的前提是必须客观地了解自己，所谓"知己知彼，百战不殆"。乘务人员要为自己树立一个目标，要有坚定的信念，相信通过自己的努力能够实现这个目标，同时也要对自己有一个科学、合理的评估。

3）克服惰性思想

一个人的惰性对于工作的消极作用是非常可怕的。无论什么样的技巧或方法，一定要付诸实践，不能纸上谈兵。我们必须克服惰性思想，要积极地去面对每一项工作。

4）认真审视自己

要正确地审视自己的缺点，不断地提升、锻炼自己。

（1）具有充分的适应力。

（2）不脱离现实环境。

（3）善于从经验中学习。

（4）能保持良好的人际关系。

（5）能适度地发泄情绪和控制情绪。

5）学会与人沟通，习惯与陌生人交往

有些人害怕和陌生人接触、交往，这就是心理素质欠缺的体现。我们应该打开心扉去接

受这个世界的未知，锻炼出良好的交际沟通能力和面对陌生环境的良好适应能力。旅客对于乘务人员来讲，绝大多数是陌生人，只有我们把他们当作自己的家人或朋友，为旅客服务时才不会有紧张感，才能够自然而然地满足每一位旅客的需求，才不会因自己的紧张或其他原因而造成工作上的失误。

　　良好的心理素质是其他礼仪的基础，是每一位乘务人员必须掌握的基本服务素养。乘务人员要在日常工作、生活中通过训练来培养自己良好的心理素质。

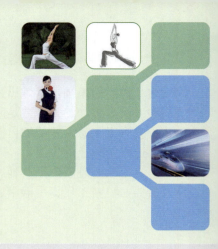

项目三

乘务服务礼仪实务

项目导入

　　在对礼仪、服务礼仪、乘务服务礼仪有所了解的基础上，我们开始对乘务服务礼仪实务知识进行学习。本书从乘务人员形象礼仪和乘务服务语言礼仪两个角度来对乘务服务礼仪实务进行介绍。

▶ 项目知识结构框图 ◀

任务一　　乘务人员形象礼仪

知识点

（1）形象礼仪的重要性；

（2）仪容、仪表、仪态礼仪的具体要求。

能力要求

（1）树立仪容美的意识；

（2）学会运用优美的站姿、坐姿、走姿、蹲姿、手势等礼仪为旅客服务。

　　仪容指人的容貌，它是由发型、面容及人体所有未被服饰遮掩的肌肤（如手部、颈部）

等所构成的。仪表是容貌、服饰、姿态等多个方面的整体感觉，是一个人的静态形象，仪态则是一个人的动态形象。在交往过程中，仪表、仪态会引起交往对象的特别关注并影响到交往对象对自己的整体评价。

一、男性形象

大多数人认为，爱美是女性的天性，男性的外在形象不是十分重要。有些人甚至认为，男性大大咧咧、胡子拉碴、衣衫不整才有男性的魅力。殊不知一个头发杂乱、衣冠不整、眼神散漫的男性，是不会给人留下良好印象的。随着生活水平的不断提高，人们越来越关注自身的外在形象，无论男性还是女性，自身形象都显得越来越重要。男性爱美虽然不必像女性那般细致，但若不注意自身形象，也会妨碍个人职业的发展。

良好的男性仪容如图 3-1 所示。

图 3-1　良好的男性仪容

1. 男性形象的重要性

许多人在自己的事业发展中都更看重自己的专业技能水平，而忽视了个人形象的重要性。他们相信业务能力、敬业精神和勤勉态度会让他们的事业发展得很好，但是，仅有这些条件是不够的。有很多优秀的人常年在一个位置上停留，并不是他们缺乏才智，也不是他们不够努力，而是他们没有在恰当的时机展示出他们的魅力，他们的外在形象让人感觉"他不适合更高的位置"。

如果仔细观察我们所熟知的成功人士，例如马化腾、雷军、俞敏洪等，他们无不有着良好的个人形象。形象应该是我们发展的助推剂，而不是我们获得成功的附赠品。成功的形象并不等同于拥有漂亮的外表，也不是为了让交往对象感到赏心悦目，而是它可以展示出我们自身的品质——自信、尊严、力量、能力等，让我们浑身都散发出一个成功者的魅力。

2. 男性形象的基本要求

松下幸之助是日本松下集团的创始人，在其创业之初，发生了一件影响他一生的事情。一天，松下幸之助去理发，当理发师得知这位年轻人正在创办一个全新的企业时，他建议这位年轻人一定要到东京最好的理发店，找最好的理发师理发。理发师告诉年轻的松下幸之助："您的形象就是企业的形象，所以您一定要以最好的形象展示给别人。"松下幸之助接受了理发师的忠告，从此以后非常注意自己的个人形象，不惜搭乘两小时的火车前往东京理发，可见个人形象对一个人的成功十分重要。

个人形象既包括职业形象，也包括社交形象、生活形象。下面是通常情况下男性对外公众形象的一般要求。

1）个人卫生

（1）头发要干净、自然。

男性的发型应简单朴素、稳重大方，不宜留鬓角，不宜染发、烫发，最好不要留中分发型。通常男性不留长发，男性头发合适的长度应该是前不覆额、侧不遮耳、后不及领。

男性在平时工作、生活中要保持头发整齐干净，不能给人油光发亮、头屑四散、发型怪异的感觉，每天洗头发可以有效防止头发出油、掉屑。

（2）面部要清洁、不留胡须。

首先，男性面部油腻不仅影响美观，还容易引起痤疮、皮炎、粉刺、毛孔粗大等皮肤问题。要改善面部过度出油的状况，须避免压力过大、工作劳累、夜间休息不好、烟酒过度等情况，还可以选用控油型的洁面产品，通过经常洁面使面部皮肤出油的情况得到改善。

其次，男性的胡须最容易影响面部的卫生与美观，所以要将胡须刮净。除从事艺术类工作的男性，从事其他工作的男性应避免留胡须，从事乘务等服务性工作的男性更应如此。

最后，男性的鼻毛、耳毛都要及时修剪，不能外露，否则会影响个人仪表的美观。

（3）口腔要清洁、卫生。

男性口腔要做到无异味、无异物，男性应时刻保持牙齿的清洁。牙齿发黄或有牙垢时，要去医院或专业机构进行洗牙。在上班前或出席会议、进行访问、参加集会之前，不要吃蒜、葱等带有刺激性气味的食物，也不要饮酒、吸烟，以做到口腔清洁、卫生。

（4）手部要清洁、卫生。

手是日常工作中活动最频繁的肢体，必须保持其洁净、卫生。尤其是从事乘务服务等服务性工作的男性工作人员更应时刻注意手部的卫生。不要留长指甲，指甲内也不应留有异物。

（5）鞋袜要清洁、卫生。

"脚下无礼，脸上无光。"穿鞋应注意：鞋面无尘、鞋底无泥、鞋内无味、鞋袜合适。工作场合，男性的皮鞋应以深色为主，如黑色、棕色或灰色，不要穿太陈旧的皮鞋，鞋跟不要太高。皮鞋最好有两双以上，可以换着穿。将穿过的鞋子放置在通风处，勤换袜子和鞋垫可以有效去除鞋内的异味。在袜子的选择上，应穿深色质地好的袜子，如棕、深蓝、黑或灰色，不要穿浅色、透明的袜子。

（6）身上无异味。

男性的汗腺一般较发达，出汗后身上会产生一些异味，这些异味可能会使人感觉厌恶。刚出过大汗的男性应洗澡并换上干净的衣服，还可在腋下胸前等易出汗的部位涂一点儿止汗香剂再前往公众场合。如不具备立即洗澡的条件，则须注意与他人保持一定的距离。吸烟的男性最好在与人交谈时停止吸烟并注意交往距离，不要过近地与他人面对面谈话，吸烟后最好能嚼点口香糖以去除异味。

2）衣着打扮

衣着打扮体现了我们的性格、职业、精神面貌，还体现着特定场合中的礼仪规范。男性乘务人员在着装时应注意以下细节。

（1）三一定律。

鞋子、腰带、公文包三处保持一种颜色。

（2）三大禁忌。

衬衫四边露在外，袜子颜色不搭配，帽子佩戴出问题。

配发制服的男性乘务人员在工作场合应穿制服。

男性乘务制服如图 3-2 所示。

（a）航空制服

（b）铁路制服

（c）城市轨道交通制服

（d）邮轮制服

图 3-2　男性乘务制服

3）精神面貌、行为举止

男性形象与其精神面貌有很大的关系。乐观坚强、成熟稳重、幽默开朗的男性往往更受关注。如果仅有出众的外貌，但整日精神不振、目光呆滞、唉声叹气，这样的男性无法给人带来良好的印象。

良好的精神面貌可以有效地提升自身的职业形象，使人更具吸引力。在人际交往过程中，男性应特别注意自己行为举止，避免一些不礼貌、不雅观的姿态，应注意做到以下几点。

（1）呈坐姿时，要坐稳、坐正，不要有意无意地抖动双腿，或者让跷起的一条腿像钟摆一样晃动，这会给人以轻浮、不礼貌的印象。

（2）不能随意吐痰、打嗝、挖鼻孔，这样既不卫生，也会让旁人产生反感情绪。在吐痰、擤鼻涕时应该背对他人，用纸巾包裹后丢进垃圾箱，或是去洗手间内进行。

（3）吃东西时嘴巴不能发出"吧唧吧唧"的声音，避免产生餐具碰撞的声音，嘴里有食物时也不要与他人讲话。

（4）不要当众抓头发、挠耳朵、剪指甲、剔牙。

（5）不能当众打哈欠。在公众场合，打哈欠给对方的感觉是你已经不耐烦了，因此，打哈欠时要背对他人，或用手捂住嘴再打哈欠。

3. 男性的外在修饰

男性的服饰不如女性的服饰颜色丰富、款式多样，男性的装饰品种类也不如女性的丰富多样。男性的修饰主要在于数量不多的几个细节，衡量男性的形象、品位往往也看这几个细节。

1）眼镜

有些男性会选择隐形眼镜，但是框架眼镜也可以体现男性斯文、睿智而温厚的形象，同时也不乏时尚气息。

佩戴眼镜要注意以下几点。

（1）眼镜要与脸形相配。

脸形决定着镜架的形状。选择镜架时，应该根据面部的情况反其道而行，例如，脸很圆的人就不宜再戴圆形的眼镜。

（2）合理选择眼镜的款式、风格。

传统的大边框眼镜是政务人士稳妥的选择；无镜框及小镜片眼镜是时尚款式，适合商务人士和年轻人；佩戴纤细镜框眼镜的男性显得细致、温文尔雅；佩戴粗重框架的眼镜则显得男性时尚且不失沉稳。

（3）镜架的颜色展露气质。

镜架的颜色应该与佩戴者的面色、发色、服装相协调。金、银色金属框架透露着高贵典雅的气质、谨慎的风格，尽显成功人士的智慧光彩；宝石蓝及茶、褐色边框，很受追求个性与创意的新潮人士的欢迎。

（4）慎重选择镜片的颜色。

略带一些色彩的镜片不会太引人注意，在室内使用也很舒适，可以为佩戴者增添一些个性特征。墨镜主要适合在阳光强烈的室外活动时佩戴，以防强烈阳光的照射和紫外线的伤害，室内不宜佩戴。乘务人员在岗工作时不能戴墨镜。

（5）镜片应擦拭干净。

工作再忙碌、时间再紧迫，都不要忘记经常擦拭镜片以保持镜片的干净。这不仅对保护自己的视力有益，也会让人感到舒适。另外，切忌佩戴镜片或镜架残破的眼镜。

适合职业男性佩戴的眼镜如图 3-3 所示。

图 3-3　适合职业男性佩戴的眼镜

2）手表

手表既是指示时间的重要工具，也是品位与身份的象征。

职场人士多佩戴机械表，应尽量选择优质手表。优质手表外壳应光滑、表盖旋合处应吻合严密，没有划痕。表面玻璃的透明度及表盘和表针的镀层光洁度也应该加以留心。

男性在正式场合所戴的手表，在造型方面应当庄重、保守，避免怪异、新潮。造型新奇、颜色花哨的手表，如时装表、卡通表等，仅适于年轻女士及少年儿童。一般而言，正圆形、椭圆形、正方形、长方形手表，适用范围较广，特别适合在正式场合佩戴。

男性在正式场合所戴的手表，在色彩方面应避免繁杂凌乱，一般宜选择单色手表、双色手表，不应选择三色或三种颜色以上的手表。不论是单色手表还是双色手表，其色彩都要清晰，不能混杂。金色表、银色表、黑色表，即表盘、表壳、表带均为金色、银色、黑色的手表，是最理想的选择。

适合职业男性佩戴的手表如图3-4。

图 3-4　适合职业男性佩戴的手表

3）皮带

随着近年来办公室服装休闲风格的兴起，皮带与领带一样，日益显得个性化，但乘务人员仍应使用传统的，以黑色及棕色为主的传统皮带。男性选择皮带时，应该注意以下几点。

（1）皮带的搭配。

皮带的颜色一般应比裤子的颜色略深，并且皮带的色泽与质地应与鞋子协调。一般来说，着装风格越显得休闲，可供选择的皮带范围就越宽。色泽较浅的皮带更适合于休闲风格的着装。

（2）皮带扣的风格。

一般而言，针扣比自动扣更显品位。金色的钩扣最能展现高贵的气质；铜质的钩扣则让人领略到男性的阳刚和力量。宽大的"回"形扣充分显露出男性的刚毅；椭圆形扣展示了男性的成熟；方形扣代表着男性的沉稳。有时，皮带扣的品牌亦是男性身份的象征。

（3）皮带的庄重性。

工作场合，皮带上不能携挂物品。应避免使用带有珠宝或广告语的皮带。

（4）皮带的长度。

皮带的长度要合适，系好后的皮带，尾端应介于第一和第二裤襻之间。

（5）皮带的宽度。

皮带的宽度应保持在3 cm以上，太窄的皮带会减弱男性的阳刚之气，太宽的皮带则只适合搭配休闲裤、牛仔裤。

适合职业男性使用的皮带如图3-5所示。

图 3-5　适合职业男性使用的皮带

4）公文包

男性的公文包，被称为"移动式办公桌"。一些公文包的设计通过夹层、侧袋、内置小袋等方式，使得携带公文包外出工作犹如坐在办公桌前一样方便。

公文包的面料以真皮为宜，且以牛皮、羊皮为佳。黑色、棕色的公文包是最常见的选择。男性公文包，以手提式的长方形公文包最为常见。公文包的大小以能够装下普通文件夹为宜。

使用公文包有如下四点基本要求。

（1）不宜多。

外出办事，可以携带公文包。手机、钥匙、名片、纸和笔都可以放入公文包内。但不宜同时携带多个公文包。

（2）不张扬。

使用公文包前，须先拆去所附真皮标志。不应在他人面前显示自己所用公文包的名贵和高档。选择公文包应与自己的职业、职位、办公环境相协调。

（3）不乱装。

将随身携带之物尽量分类装入公文包内的既定之处，这样取用方便。无用之物不要放在包内，尤其是不要让包"过度膨胀"，影响美观。

（4）不乱放。

进入办公室，应将公文包自觉放在自己就座之处，勿将公文包随便放在桌、椅之上。在公共场所，不要让公文包的摆放有碍于他人。

适合职业男性使用的公文包如图 3-6 所示。

图 3-6　适合职业男性使用的公文包

5）香水

男性用香水来装点自己早已被现代社交礼仪所允许，但是，如果香水使用不当，也会使男性显得不够优雅，下面介绍一些香水的使用常识。

（1）适用部位。

很多人误以为香水喷于腋下可以遮掩体味，其实不然。香气一旦混合腋下的味道，会产生一股怪味。香水的正确使用方法是将香水喷洒于耳后、颈部、胸部、手肘内侧、膝盖后、手腕、脚踝等处，这些部位因为有动脉跳动，香气会逐渐向周围扩散。

（2）使用量。

使用香水时不要一次喷得过多，少量而多处喷洒效果最佳。

（3）使用技巧。

① 沐浴后身体湿气较重时，将香水喷于身上，香味会释放得更明显。

② 若想制造似有似无的香气，可将香水先喷于空气中，然后在充满香水的空气中转圈，让香水均匀地落于身上。

③ 香水的类型不同，香气的持续时间也不同。要注意适时补洒香水，以使香气持久。

（4）使用禁忌。

① 忌混合。一次使用多种香水或是香水味与烟味等气味混合，都会给人带来不适之感。尤其是在使用发胶等有香气的化妆品之后，应避免使用香水，否则诸香争宠，气味难辨。

② 忌浓、忌多。一次不应喷洒过多的香水，否则会让人觉得是在刻意遮掩其他气味。浓重的香气也会让人嗅觉不适。尤其是在出席宴会时，应选择清淡香型的香水，否则会影响用餐时的味觉。

③ 男性忌用女性香水。男性宜选择纯净、淡雅、自然香型的香水，以显示男性成熟、高雅、大气的风格，而不宜选用女性香水。

④ 香水应避免喷洒在宝石或皮革上。香水通常具有化学成分，若碰到宝石或皮革会产生化学反应。

⑤ 皮肤敏感者应慎用香水，切忌将香水直接、大量喷洒于皮肤上，以避免皮肤变色、发痒。皮肤敏感者可将香水喷于内衣、手帕、衣角内侧。

二、女性仪容

虽然我们不提倡"以貌取人"，但保持良好的仪容是对他人的一种尊重。女性要提升形象，让自己拥有高雅的气质，须学习并掌握一些仪容的基本知识。

良好的女性仪容如图3-7所示。

图3-7　良好的女性仪容

1．美发

1）发型的选择

发型应该适合自己的脸形，下面从脸形的角度出发，介绍各种脸形所适合的发型。

（1）长形脸。

长形脸的女性可将头发留至下巴，留刘海，或将两颊头发剪短些，这样可以在视觉上减少脸的长度感而加强宽度感，也可将头发梳成饱满、柔和的形状，使脸有较圆的感觉，不宜留平直、中间分缝的头发，也不要留太短的头发或将头发全部往后梳。

（2）椭圆形脸。

椭圆形脸是女性最完美的脸形，采用长发型或短发型都可以。

（3）圆形脸。

圆形脸常会显得孩子气，所以发型不妨设计得老成一点，头发可分缝且宜长，这样可使脸显得长一些。也可将头发侧分，头发较少的一边向内略遮脸颊，头发较多的一边可自额顶做外翘的波浪，这样可"拉长"脸形。

（4）方形脸。

方形脸的女性宜将头发向上梳，轮廓可蓬松些，目的是使脸变得稍长。也可在两侧留刘海，但不宜把头发剪得太短或压得太平整。前额可适当留一些长发，但不宜过长。

（5）心形脸。

心形脸的女性要确保头发遮住尖尖的下巴。

发型的选择还应该考虑与自己的气质、服饰、年龄相协调。例如，剪一个活泼顽皮的男孩头，却穿着一身职业女性的成熟套装，非但达不到提升形象的效果，反而透出滑稽之感。

发型的变换有时会比发型本身更为重要，女性改变自身形象、气质的有效方式不是服装，而是发型。发型一变，人的形象立刻会有明显改变。

2）发型的要求

（1）窗口岗位工作者，一般不宜将头发染成除黑色以外的颜色，不宜梳披肩发，头发不宜遮盖眼睛及眉毛，不能梳怪异的新潮发型。

（2）在工作中，发型要简洁、美观、大方，以中长发或短发为宜，戴帽时头发不宜外露。

（3）要保持头发的清洁，勤于梳洗。

（4）除必要的固定头发用的黑色发卡及统一配发的发饰外，不宜戴其他发饰。

3）头发的保养

衡量一个人是否健康，可以看他头发的质量，而衡量一个人的头发是否健康，一般要从头发的卫生、颜色、光泽、质地等方面进行判断。健康的头发应保持清洁、整齐，没有头垢、头皮屑；柔润、有自然光泽、具有弹性；不粗不硬、不分叉、不打结；疏密适中、不枯萎；不因阳光灼晒、染发、烫发而使头发发生性状变化。

2．护肤

护肤可以分为日常基础护理和专业护理两种。日常基础护理是我们每天都必须履行的护肤步骤，若皮肤出现问题，每日还要加强保养。专业护理又称特殊护理，是指定期进行磨砂、按摩、敷面膜等护理步骤，促进面部的血液循环，增加肌肤的弹性与光泽，供给肌肤水分和养分，让肌肤处于健康状况。

护肤重在保养皮肤，使得皮肤保持健康、延缓衰老。因此，要长期坚持护肤并须护理得法，切忌急于求成，期望迅速见效。

无论采用什么方式来保养皮肤，都有三大基本步骤要把握：洁肤、爽肤、润肤。

1）洁肤

（1）洁肤产品的选择。

市面上洁肤产品种类繁多，主要可分为洁面霜、洁面乳、洁面凝胶及最新的洁肤棉等。洁面霜多适合油性皮肤使用；洁面乳多适合干性皮肤使用；洁面凝胶多适合中性皮肤使用。洁肤棉适用于敏感皮肤和受损型皮肤使用，它是一种新的洁面产品，其特殊的纤维织布能温和地清洁脸部，去除老化角质并对脸部进行滋润与按摩。

常用洁肤产品如图3-8所示。

图3-8　常用洁肤产品

选择适合自己的洁肤产品时，可依照是否有卸妆与清洁的双重需求、皮肤的类型及个人喜欢的洁面方式等来进行。在洁肤过程中不能对皮肤造成损伤，不能影响皮肤的正常生理功能。

（2）洗脸时水温的调节。

热水能溶解皮脂，松弛皮肤，扩张血管，开放汗腺口，促进代谢产物的排出，其去污作用较冷水强，所以油性皮肤的人宜用热水洗脸。但过多地使用热水洗脸又会使皮脂减少而使皮肤干燥。冷水能使血管收缩，促进汗腺口和毛孔闭合。交替用热水和冷水来洗脸，则可促进皮肤的血液循环，使皮肤富有光泽和弹性。只有毛孔畅通了，皮肤才能更好地吸收护肤品，进而达到事半功倍的护肤效果。

2）爽肤和润肤

对于干性皮肤，应在洗脸后使用化妆水来补充水分，再使用油分多及保湿性好的润肤品。对于混合性皮肤，应依照不同部位的不同需求来加以护理，可以选择化妆水补充干燥部位的水分，然后使用润肤品来润肤，润肤品使用的分量可依照干燥程度来调整，较油的部位减少用量，而干燥的两颊则可增加用量。

3. 美妆

化妆具有美化面容的作用，可以让女性看起来更加漂亮、光彩夺目，也使得女性在社交、工作中能够更好地展示自己的形象并增强人际交往的信心。

常用化妆品如图3-9所示。

图 3-9　常用化妆品

　　化妆，是对自己的爱护和尊重，同时也体现出对交往对象的尊重。对于从事服务性工作的人而言，化妆上岗是职业的基本要求。乘务人员的恰当装扮和修饰不仅令旅客赏心悦目，同时也是其热爱本职工作的一种表现。

　　1）化妆原则

　　（1）美化。

　　化妆时要注意适度矫正、修饰得法，达到扬长避短的效果。在化妆时不要自行其是，任意发挥，寻求新奇，有意无意地将自己老化、丑化、怪异化。

　　（2）自然。

　　化妆既要追求美化、生动、具有生命力，更要体现真实、自然。化妆的最高境界是"似无却有"，看不出人工美化的痕迹，切忌浓妆艳抹。

　　（3）得法。

　　化妆虽讲究个性化，但也要遵循仪容礼仪的一般原则。例如，职业妆宜淡，社交妆可以稍浓；口红与指甲油最好为同一色系，切不可颜色过于鲜艳，等等。

　　（4）协调。

　　高水平的化妆，强调的是整体效果，所以在化妆时，应努力使妆面与容貌、场合、身份相协调，以体现出大方优雅的气质。多种化妆品同时使用时，要尽量选择香型相近、色彩和谐的同一系列产品。

　　2）化妆禁忌

　　（1）忌离奇出众。

　　日常生活妆或职业妆应该与周围环境、本人气质相协调，从而起到提升个人形象和维护企业形象的作用。乘务人员在工作的过程中，切不可化另类、怪异的妆。

　　（2）忌技法用错。

　　即使不化妆，也比错误化妆要好。不了解化妆方法而用错技法，不仅不会达到美化的目的，反而会起相反的效果。

　　（3）忌残妆示人。

　　适时化妆很重要，及时补妆亦重要。残妆，是指在出汗、用餐、休息之后，妆容出现了残缺。以残妆示人，既有损于自身形象，也是对别人的不尊重，因此，要注意及时地进行妆容检查和修补。

（4）忌当众化妆。

有些女性，对自己的形象过分在意，不论在什么场合，一有空闲，就会拿出化妆盒进行补妆，旁若无人。在公共场所，众目睽睽之下修饰面容是没有教养的行为。如果需要化妆或补妆，一定要到洗手间或较隐蔽的场所去完成，切莫当众化妆。

（5）忌随意评论他人妆容。

除了化妆品销售、推广人员可适当评论他人的妆容，其他人不宜对他人的妆容进行过多关注，更不能直接妄加评论和指点。这不仅是不礼貌的行为，更有可能伤害对方的自尊心。另外，随意打听他人使用的化妆品品牌、价格和化妆的具体方法也是不合适的。

三、乘务人员仪容礼仪

作为乘务人员，整洁、大方的仪容不仅有利于增强自信，更有利于在工作过程中获取别人的好感和认可。我们不能要求每个人都是美女帅哥，但是可以在现有的条件下首先保证外表的得体和整洁，再利用化妆等技巧来弥补容貌上的不足。乘务人员仪容如图 3-10所示。

（a）女性仪容　　　　　　　　　　（b）男性仪容

图 3-10　乘务人员仪容

总体来说，乘务人员仪容礼仪要注意以下几点。

1. 清洁

一个人可以不美丽，但是绝对不可以不清洁。清洁是个人素质的体现，也是尊重自己、尊重他人的体现。例如一位男性，西装很讲究，颜色搭配也很合适，可是头上头屑不断，这必然不会给人留下大方得体的印象。

1）头发的清洁

头发，处于人体的制高点，会给人留下十分深刻的印象。头发在工作时间必须保持健康、秀美、干净、清爽、卫生、整齐的状态。

洗头发可以清除头部皮屑和灰尘，还能促进头部的血液循环。清洁头发的时候注意不要把洗发水直接倾倒在头皮上，这样做很容易导致脱发。正确的做法是先把头发梳通，然后把洗发水倒在手心，揉出泡沫，轻轻用指腹按摩头皮，最后清洗干净。不要让洗发水或护发素残留在头发或头皮上。可在洗头之前先用橄榄油护理一下，有条件的可以一周做一次发膜。尽量少用有浓郁香味的头发定型用品。头发洗干净以后，自然风干，如果用吹风机，须保持适当距离以保护头发。头发未干，不要睡觉。一般来说，烟、酒及辛辣刺激之物，会有损于头发。保养头发，可多吃富含 B 族维生素的食品，例如核桃、芝麻等。

2）面部的清洁

（1）眼睛。

眼睛是人际交往中被他人注视最多的部位之一。洗脸的时候一定要注意及时清除眼睛分泌物。另外若眼睛患有传染病，应自觉回避，以免传染他人。

如果感到自己的眉形刻板或不雅观，可以进行必要的修饰，但不允许剃去所有的眉毛。

近视的乘务人员可配戴眼镜，戴眼镜时，不仅要求眼镜美观、舒适，而且还应定期对眼镜进行清洗和揩拭。在工作场合不应戴有色眼镜，以免给旅客带来拒人千里之外的感觉。

（2）耳朵。

耳朵虽位于面部两侧，但也是在他人视线范围之内的。在洗澡、洗头、洗脸时，应同时清洗一下耳朵，定时清除耳孔里的分泌物，但是不要在他人面前这么做。

（3）鼻子。

涉及个人形象的有关鼻子的问题，主要有两个。一是清洁鼻腔。不要让异物堵塞鼻孔，不要随意吸鼻子、擤鼻涕，不要在他人面前挖鼻孔。二是修剪鼻毛。上岗前，通过照镜子，检查一下鼻毛是否伸出鼻孔之外。人的鼻毛一旦伸出鼻孔，对形象的破坏非常之大，一旦出现鼻毛伸出鼻孔的情况，应及时修剪鼻毛，不要置之不理，也不要当众用手去拔，一来不雅观，二来可能会导致毛囊发炎。

（4）嘴巴。

要保证嘴唇和唇周干净，无异物。

牙齿洁白，口腔无味是嘴巴清洁的重要方面。要做到这些，一是要饭后漱口，就餐完毕应清洁口腔，去除口腔异味或异物，可以使用漱口水或口香糖，但切忌在他人面前嚼口香糖，尤其是和旅客交谈的时候，更不应嚼口香糖；二是要经常用牙线、洗牙等方式保护牙齿。作为乘务人员，接待旅客之前不要吃葱、姜、蒜、腐乳、韭菜、洋葱等有强烈刺激性气味的食物。

（5）胡须。

男性要养成每天剃胡须的良好习惯。若无特殊宗教信仰和民族习惯，最好不要蓄须，应经常剃去胡须。

（6）面容。

清洁面部可以去除新陈代谢产生的老化角质、污染物、化妆残留物质等，同时也可以保养皮肤。

使用洁肤产品的方法：将适量的洁肤产品放在手心里揉搓起泡，泡沫越细越好，千万不能把洁肤产品直接涂在脸上。一般从皮脂分泌比较多的部位开始清洗，手指不要过分用力，轻轻地从内到外滑动。洗的时候要注意脖子、下颌、耳朵等部位的清洁。冲洗时要用流水充分去除泡沫，冲洗次数要适度。有条件时，可先用温水后用冷水清洗，温水可以避免毛孔紧闭影响清洗效果，冷水可以收缩毛孔。洗脸后用毛巾吸走脸上的水分，不要用力揉搓，以免伤害肌肤，正确的方法是把毛巾轻贴在脸上，让毛巾自然吸干水分。

清洁面部如图 3-11 所示。

图 3-11   清洁面部

3）身体的清洁

有异味的身体不仅是一种失礼，还可能惹人厌恶，因此定期沐浴十分必要。一般来说，在条件许可的情况下，每天沐浴对身体清洁和健康都很有好处。

（1）手部。

在正常情况下，手部是人际交往中使用最多的部位之一，而且手部动作还往往附加了多种多样的含义。有人说：手是人的第二张脸，可是大多数人往往仅注重对脸部的保养和护理而忽视手部的保养和护理。试想某人有一张光彩照人的脸和健美的身材，可是伸出来的一双手，却是粗糙暗淡的，这必将影响其仪容的整体效果，因此，我们要重视手部的护理，防止手部皲裂、粗糙。

乘务人员的指甲尽量不要留长，长指甲没有过多的实用价值且不美观、不卫生、不方便。指甲的长度最好不要超过指尖。不能用牙齿啃指甲，不要在指甲上涂彩色的指甲油。在工作场合修剪指甲是不文明、不雅观且违反劳动纪律的行为。

（2）肩部。

在工作场合中，肩部不应裸露在衣服外面。

（3）体毛。

因个人生理情况不同，个别人手臂上汗毛生长较浓，一般情况下无伤大雅，但如果特别浓密，有碍观瞻，可以采取适当的方式进行脱毛。在他人面前，尤其是在异性面前，腋毛不应为对方所见。

（4）脚部。

人的两只脚，承载着人体的全部重量，因此每个人要善待自己的双脚。脚部不适将直接影响一个人行走姿势的美观。

社交场合，对于脚部一般要注意以下两点。

（1）在工作场合不允许裸露脚趾，不允许光脚穿鞋子。一些有可能暴露脚部的鞋子，比如拖鞋、部分款式的凉鞋、镂空鞋是禁止在工作场合穿着的。

（2）保持脚部卫生。鞋子、袜子要经常洗、经常换，不要穿残破、有异味的鞋子和袜子。如有必要，准备一双备用袜子，以备不时之需。严禁在他人面前脱鞋、脱袜、抠脚。

2.护理

皮肤在保持清洁的同时，还要注意保养。这样不仅有利于保持皮肤的健康，也可以减少岁月留下的痕迹。一般皮肤保养可以分为内部保养和外部保养。外部保养又可以分为基础护肤和美容护肤。基础护肤简单易行，应早晚各进行一次。在完成肌肤清洁之后，基础护肤的过程如下。

1）使用化妆水

将适量的化妆水倒于手心轻拍面部，使化妆水被脸部皮肤吸收，也可以用喷雾器将化妆水喷洒在脸部，这对缓解缺水的皮肤有较好的效果。

2）使用眼霜

人的眼部皮肤只占脸部皮肤的很小比例，很薄，所以要注意眼霜的选择。眼霜一般分啫喱和霜状两种类型，一般用啫喱补水就可以了，霜状眼霜所含的营养元素更多，可在需要时使用。涂抹眼霜的正确方法是从眼睛上部由里往外按摩，眼睛下部由外往里按摩。用无名指轻点眼部肌肤，才不会揉出细纹。如条件允许，一周做一至两次眼膜效果更好。涂乳液、晚霜之类的脸部护肤品时，要注意避开眼睛周围，以免产生脂肪粒。

3）使用面霜及护肤精华

一般来说，白天用乳液，晚上用晚霜。晚上10点至凌晨2点是皮肤新陈代谢最活跃的时候，这期间使用护肤精华效果最佳。

4）护理脖颈

脖颈和头部相连，属于面容的自然延伸部分。护理脖颈可防止脖颈皮肤过早老化，以免和面容产生较大反差。

3. 发型

人们选择发型受到多种因素的制约，不可以一味地追求个性。制约发型选择的因素有性别因素、身高因素、年龄因素、职业因素等。

以女性留长发为例，头发长度应和身高成正比。一个矮个的女性如果长发过腰，会使自己显得更矮，这显然是不明智的。职业对头发长度的影响也很大，例如，野战军战士为了作战和负伤后抢救方便，通常选择短发。

对乘务人员来说，发型的修饰要注意整洁、规范、长度适中，款式适合。男性要注意"三不"——前不遮眉，侧不掩耳，后不触颈。女性在工作场合不要随便让头发随风飘扬，长发不宜过肩，如果留长发，上班的时候要把长发束起来，用发卡整理好。图3-12所示为正确的束发。除非患有特殊的疾病，乘务人员不得剃光头。

图3-12 正确的束发

不管采用何种发型，在工作岗位上不允许在头发上滥加装饰物，不宜使用彩色发胶、发膏。男性不宜使用任何发饰，女性在有必要使用发卡、发带、发箍的时候，应使用蓝、灰、棕、黑等颜色且不带任何装饰图案的发饰，绝不能在工作岗位上佩戴混合色和带有卡通动物、花卉等图案的发饰。

在工作岗位上不允许戴工作制帽以外的帽子。

正确地佩戴工作制帽如图 3-13 所示。

图 3-13　正确地佩戴工作制帽

4. 化妆

化妆是通过使用美容产品，修饰自己的仪容，美化自我的形象的行为。对一般人而言，化妆最实际的作用是对自己容貌上的某些缺陷加以弥补，扬长避短，使自己更加光彩照人。经过化妆后，人们可以拥有良好的自我感觉，身心愉快，精神振奋，在人际交往中表现得更加自信和潇洒自如。

在正式场合，女性不化妆会被认为是不礼貌的。对职场人士来说，化妆能使从业人员提高自信，还能表达对他人的尊重并能维护组织的良好形象。

1）化妆的原则

（1）美化的原则。

美化的原则是从化妆效果的角度来说的。要使化妆达到美的效果，首先必须了解自己各部位的特点，对自己容貌上的优缺点要心中有数；其次要清楚怎样化妆和矫正才能扬长避短，变拙陋为俏丽，使容貌更迷人。要在把握脸部个性特征和正确的审美观的前提下进行化妆。

（2）自然的原则。

自然是化妆的生命，它能使化妆后的脸看起来真实、生动，而不是一张呆板、生硬的面具。化妆失去了自然的效果，那就是假，假的东西就无生命力和美可言。

化妆是一种美化自身的行为，但是一定要明白，美在含蓄，美在自然，正所谓"清水出芙蓉，天然去雕饰"。

（3）协调的原则。

美在于和谐，化妆者一定要懂得一些能产生和谐效果的搭配技巧。

（4）避人的原则。

避人的原则即化妆时要回避他人，不要在他人面前化妆，这是化妆中非常重要的一个原则。

2）职业妆的化妆技巧

就头发而言，中国人一头乌黑的头发是自己的民族特色，因此一般情况下不允许乘务人员把头发染成其他颜色。女性可适当染成偏黑的棕色，严禁染成紫色、绿色等颜色。

不管是男性还是女性，都有眉形的烦恼。有一些人，眉毛过分高扬，看上去十分凶狠；有的人天生八字眉，看上去城府很深。必要时，可对眉毛进行修剪或补描。一般来说，男性的眉毛尽量不要描画，女性可以描眉，但最好不要文眉，不要因为修眉或描眉不当，使自己看起来很妖艳或刁钻。

化眼妆通常只限于女性，一般的步骤为上眼线、涂眼影、涂睫毛膏。女性乘务人员眼线不能画得过于浓重；不用蓝色、绿色眼影，应使用棕色眼影，棕色眼影可使眼睛有神、有立体感；睫毛膏只能使用黑色。化职业妆时要避免化成时尚流行的妆容，比如烟熏妆等。

男性可以用润唇膏，女性选择唇膏颜色的时候，优先选择和肤色接近的棕色、橙色、深红色，避免使用鲜红色。化工作妆时，选择唇膏要以淡色为主，这样做的目的在于不过分突出职场人士的性别特征，不过分引人注意。

外在的修饰无法掩饰精神的真实状态，良好的精神状态能使人容光焕发。三流的化妆是单纯脸部的化妆，二流的化妆是整体外表的化妆，一流的化妆是精神的化妆。精神永远是外表的灵魂。乘务人员应加强自身素质的培养，拥有健康的精神世界。

乘务人员化妆场景如图 3-14 所示。

图 3-14　乘务人员化妆场景

四、仪表礼仪

仪表是指人的静态外表，包括人的容貌、服饰、体态、风度等多个方面。仪表是一个人的精神面貌、内在素质的外在表现。

随着社会文明程度的提高，追求仪表美越来越成为人们的一种共识。人们通常用仪表端庄、容貌俊秀等来赞扬一个人的仪表美。那么怎样才算仪表美呢？

仪表美是一个综合概念，它应当包括以下三个层次的含义。

（1）仪表美指人的容貌、形体、体态等的协调。体格健美匀称、五官端正秀丽，这些生理因素是仪表美的基本条件。

（2）仪表美指经过修饰打扮及后天环境的影响形成的美。天生丽质这种幸运并不是每个人都能够有的，而仪表美却是每个人都可以去追求和创造的。即使天生丽质，也要用一定的形式去表现。无论一个人的先天条件如何，都可以通过化妆、服饰、外形设计等方式使自己拥有仪表美。

（3）仪表美是一个人美好高尚的内心世界和蓬勃旺盛的生命活力的外在体现，这是仪表美的本质。真正的仪表美是内在美与外在美的和谐统一，慧于中才能秀于外。

1. 穿着的TPO原则

TPO是西方人提出的服饰穿戴原则，是英文时间（time）、地点（place）、场合（occasion）三个单词的缩写。穿着的TPO原则，要求人们在着装时将时间、地点、场合三项因素综合进行考虑。

1）时间

时间既指每一天的早、中、晚三个时间段，也指每年春夏秋冬的季节更替，以及人生的不同年龄阶段。着装时要考虑时间因素，做到随"时"更衣。

人们在家中或进行户外活动时，例如在家中休息或外出健身，着装应方便、随意，可选择运动服、便装、休闲服。工作时间的着装，应根据工作特点和性质，以服务于工作、庄重大方为原则。晚间参加宴请、舞会、音乐会之类的活动，须穿着较正式的服装。

服饰应当随着一年四季的变化而变换，不宜标新立异、打破常规。夏季以凉爽、轻柔、简洁为主，在使自己凉爽舒服的同时，服饰色彩与款式会带给他人视觉和心理上的良好感受，相反，层叠皱褶过多、色彩浓重的服饰不仅使他人感觉不适，而且穿着者本人也会感觉闷热难耐。冬季则应以保暖为着装原则，避免"要风度不要温度"，为形体美观而着装太过单薄，但也应尽量避免臃肿不堪妨碍工作的开展。

2）地点

地方、场所、位置不同，着装也应有所区别，特定的环境应配以与之相适应、相协调的服饰，才能使人获得视觉和心理上的和谐美感。

例如，穿着只有在正式的工作环境才合适的职业正装去娱乐、购物、休闲、观光，或者穿着牛仔服、网球裙、运动衣、休闲服进入办公场所和正式社交场地，都是着装与环境不和谐的表现。

3）场合

不同的场合有不同的着装要求，着装只有与特定场合的气氛相一致、相融洽，才能产生和谐的审美效果，实现人景相融的最佳效应。

正式场合应严格遵循穿着规范。比如：男性穿西装一定要系领带；西装里面有马甲的话，应将领带放在马甲里面；西服应熨得平整，裤子要熨出裤线，衣领袖口要干净，皮鞋要擦得锃亮等。女性不宜赤脚穿凉鞋，如果穿长筒袜子，袜口不要露在衣裙外面。

在结婚典礼、生日宴会、联欢晚会等喜庆场合，服饰可以鲜艳明快、潇洒时尚一些。一般来说，男性服装以深色为宜，单色、条纹、方格图案都可以；在游览、度假、运动会等场合，也可以选择色彩明快的服装。女性在休闲场合，可以选择适合自己穿着的色彩鲜艳的服装。

如图3-15所示，乘务人员在工作场合应穿着统一配发的制服。

2. 西服

西服原本是欧美国家的一种传统服装，随着国际交往的日益频繁，西服逐步发展成为一种国际性的服装款式。它典雅大方，富有魅力，深受各界人士的喜爱。

1）西服着装的一般要求

西服必须合身，领子应紧贴衬衫领口，并且应低于衬衫领口1~2 cm；上衣的长度与手臂垂下时的虎口处平齐，袖口与手腕平齐，衬衫袖口应露出西服袖口1~2 cm；肥瘦以西服

图 3-15　乘务人员穿着制服图

内可以穿一件羊毛衫为宜，上衣的下摆应与地面平行。双排扣的西服上装不管在什么场合都应把纽扣全部扣上，两粒扣子型的单排扣西服上装只系上面一粒，三粒扣子型的单排扣西服上装可系中间一粒。

2）男性西服

男性西服有两件套、三件套之分，正式的场合应该穿西服套装，颜色以深色为佳。穿西装时应穿单色衬衫，以白色为佳。三件套西服在正式场合不能脱下外衣。西服背心如果是 6 粒纽扣，一般不系最下面的一颗纽扣，如果是 5 粒纽扣则应全部系上。西服背心应贴身合体。西服左上外侧口袋专门用于插装饰型手帕，手帕应插入口袋 1/3 处。上衣内袋用于存放证件等物品。穿西服时不要穿白色袜子，这样会破坏整体的稳重感，把人们的视线吸引到脚上。

男士穿着西服如图 3-16 所示。

3）女性西服

女性西服有西服套装和西服套裙之分，两者均可作为正式服装，其色彩款式要稳重大方，以素雅单色和简单的条格面料为主。女性西装颜色要与衬衫色彩相协调。

女士穿着西服如图 3-17 所示。

图 3-16　男士穿着西服

图 3-17　女士穿着西服

4）西服着装程序

西服穿着有一定的程序，正常的程序是：穿着衬衫—穿着西裤—穿着皮鞋—系领带—穿着上装。

3. 领带

领带被称为西服的灵魂。通常所说的领带是指直式领带，还有一种横式领带，即领结。

1）直式领带

直式领带简称"领带"。领带最好选用丝制的，系领带不宜过长或过短。站立时，以领带下端触及腰带为宜。

在正式、庄重的场合以深色领带为宜；在非正式场合以浅色、艳丽领带为宜。黑色领带几乎可与任何颜色的西服进行搭配。

领带配色的方法有三种。

（1）领带与西服同色。

（2）领带与西服同是暗色，但色彩形成对比，如黑西服配暗红色领带。

（3）单色的西服配花色领带。花色领带上的主色尽可能与西服的颜色相同或相近。

领带打结有多种方法，如温莎结、平结等。在非正式场合穿西服可以不戴领带，此时衬衫领扣必须解开，衬衫下摆应放在裤子里面。

领带如图3-18所示。

图3-18　领带

2）领结

领结可分为小领花和蝴蝶结。小领花的颜色有黑色、白色。一般白领花只适合搭配燕尾服，黑领花适合搭配小礼服。

领结如图3-19所示。

图3-19　领结

3）领带夹

现在有许多人选择戴领带夹来固定领带。领带夹的位置应在衬衫的第四粒到第五粒纽扣之间（从上往下数），西服上衣系上扣子后，领带夹不能外露。

领带夹如图 3-20 所示。

图 3-20　领带夹

4．饰物

在服饰构成中，装饰用品既可作为服装的辅助用品，又可区别于服装而独立存在。装饰用品和服装一同构成了服饰。

1）帽子

帽子的花色品种很多，它不仅能起到抗寒防晒的作用，也是服饰搭配的一个重要环节。帽子的选用，应考虑到人的脸形、年龄、身份及其与其他服饰之间的配套关系。乘务人员工作时应戴制帽。

乘务人员工作制帽如图 3-21 所示。

图 3-21　乘务人员工作制帽

2）手帕

手帕可分为两种：一种是装饰用手帕，另一种是普通手帕。装饰手帕是以各种单色手帕折叠而成的，可放在礼服或西服上衣左胸口袋。手帕折叠的形式多种多样，常见的有一山形、二山形、三山形。

普通手帕可用来擦汗、擦手、擦嘴，切不可使用不洁净或皱皱巴巴的手帕。目前，纸巾有取代普通手帕的趋势。

手帕如图 3-22 所示。

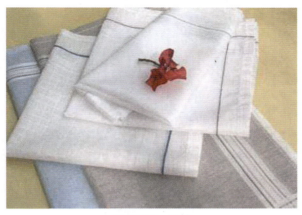

图 3-22　手帕

3）围巾（丝巾）

女性乘务人员在工作时可戴丝巾，如果天气寒冷，可选用深色的围巾，如灰色、黑色、深蓝色、绛紫色等颜色的围巾。

部分女性乘务人员的制服配有统一款式的丝巾，应按规定的要求佩戴。

丝巾如图 3-23 所示。

图 3-23　丝巾

4）首饰

首饰的佩戴有相应的规矩。首饰是一种沉默的语言，既可向他人暗示某种含义，又能显示佩戴者的气质与修养。

（1）戒指。

戒指是爱情的信物，富贵的象征，吉祥的标志。戒指应注意造型的选择。女性的戒指要纤细，男性的戒指要宽厚。戒指通常应戴在左手上。把戒指戴在食指上，表示无偶而求爱；把戒指戴在中指上，表示正处在恋爱之中；把戒指戴在无名指上表示已订婚或结婚；把戒指戴在小手指上则表示自己是一位独身者。也有不少西方国家的未婚女性将戒指戴在右手上。一般情况下，一只手上只戴一枚戒指，戴两枚或两枚以上戒指是不适宜的，此外，大拇指不能戴戒指。

（2）项链。

项链可分为金银项链、珠宝项链等。佩戴项链应因人而异。脖子短粗的人可选择细长的项链；脖子细长的人可选用短粗的项链。

　　一般青年女性可选择细型、花色丰富的项链，而中老年人则适宜选用粗型、设计传统的项链。各种珠宝有着不同的象征意义和情感，如钻石象征着勇敢和永恒，珍珠象征着美丽和高贵，红宝石象征着爱情和热情，蓝宝石象征着安详和宁静。

　　（3）耳环。

　　佩戴耳环应首先考虑佩戴者的脸形。圆脸适宜戴各种款式的长耳环或垂坠耳环；瓜子脸形的人，适于使用各种造型的耳环，配以扇形耳坠、水滴型耳坠则更显秀丽妩媚；方脸形的人可选择小耳环或耳坠。在各种比较正规的社交场合，如宴会、婚礼或庆典仪式，应选用高档的耳环。男性乘务人员不能佩戴耳环，女性乘务人员可以佩戴素雅、款式简单的耳环。

　　（4）手镯和手链。

　　由于乘务人员要进行大量客运作业，因此不宜佩戴手镯和手链。

　　5）其他

　　笔、手表等也是乘务人员常用的配饰。部分乘务人员制服设计有插笔处，以方便存放工作用笔。乘务人员在工作期间应戴传统款式的机械表或石英表，勿戴卡通及时装表。

五、仪态礼仪

　　仪态，就是一个人动作姿势和态度的综合表现。俗话说："坐有坐相，站有站相。"乘务人员姿势端庄，态度和蔼，会使旅客产生愉悦和亲切的感受；行为粗鲁，态度消极，不但失礼，而且会让旅客反感。优美、协调的仪态对展现乘务人员的形象、气质、风度是非常重要的。

1. 面部仪态

1）目光

　　人们进行信息的交流，总是以目光的交流为起点。目光接触提供了重要的情感信息。这种情感的流露比语言更加真实、直接、有效。乘务服务过程中，若能善于运用目光，可以使自己变得更加友善和亲切，更容易得到旅客的信任。如图3-24所示，乘务人员将目光集中在所要服务的对象身上，注视的目光显示出乘务人员的服务态度。

图3-24　乘务人员注视的目光

目光注视某一较小范围超过 5 秒，我们称之为凝视。根据交往对象和交往场合的不同，目光凝视区域也不同，一般划分为以下三种情况。

（1）公务凝视区域：以对方两眼为底线，额中为顶角形成的正三角区域。这种凝视会显得严肃认真。对方也会觉得你有诚意。

（2）社交凝视区域：以对方两眼为上线、下巴为顶角所形成的倒三角区域。这种凝视能给人一种平等、轻松感，从而创造出一种良好的社交气氛。

（3）亲密凝视区域：对方双眼到胸部之间的方形区域。凝视这一区域往往带有亲昵、爱恋的感情色彩，在亲人、恋人、家庭成员之间较为常见，所以非亲密关系的人不应凝视对方的这一区域，以免引起误解。

2）视线

乘务人员要注意目光注视的角度。视线角度可以分为三种。

（1）平视。

观察物与眼睛平齐时，视线水平送出，即为平视。与人交谈时应当尽量做到平视对方，在服务工作中，平视是一种常规要求。平视表现出双方地位的平等，使乘务人员可以不卑不亢地投入工作。

（2）仰视。

抬起头朝上看容易表现出敬仰、高度重视的态度。低着头朝上看往往表现出羞涩、胆怯、谦虚、低调。乘务服务中仰视并不多用。

（3）俯视。

俯视他人往往带有自高自大、傲慢不屑的意味，服务中应该避免使用这种视线。如果对方的位置低于自己的眼睛，例如旅客坐着，乘务人员站着时，则应当轻微俯身，尽量减小俯视角度。

3）目光运用技巧

（1）正视对方。

目光属于表情范围。眼睛是心灵的窗口，与人打招呼、交谈、致谢、道歉时，如果能够用眼睛看着对方，会使人感到你的真诚、友善、信任、尊重。交谈中，还要注意目光注视对方的同时，应使身体伴随对方的移动而适当转动，尽量使自己面朝对方、注视对方，这是一种基本礼貌，斜眼看人、扭头视人或者偷偷看人，都难以表达出尊重他人的意思。

（2）注视对方。

与人交谈时，不要不停眨眼，不要眼神飘忽，不要目光呆滞。这些都会使对方产生不信任感，与人交谈应始终保持目光接触，表示对对方的尊敬，如果目光左顾右盼、东张西望，对方会感到你是心不在焉，缺乏诚意的。注视中应当正确把握视域，非亲人之间，注视对方的头顶、胸部、腹部、臀部或大腿，都是失礼的表现。特别是与异性交谈中，更要注意控制视域。

（3）避免盯视、扫视。

服务工作中忌目光闪烁，盯住对方或斜视、瞟视。如果一直盯着对方看，会给对方形成心理压力，让对方感到紧张，因此，目光的运用应该"散点柔视"，即让目光均匀地洒在对方身上。如果谈话中出现短暂的沉默，应当将视线暂时从对方脸上移开，恢复交谈时再看着对方。

4）微笑

乘务人员要给旅客以亲切、真诚的微笑。在乘务人员面部仪态中，应当把真诚、甜美的微笑放在首位，养成微笑服务的意识。微笑是乘务人员工作的职责所在。

微笑训练将在项目六中进行具体介绍。

2. 静态、动态仪态

静态、动态仪态，将在项目六中进行具体介绍。

任务二 乘务服务语言礼仪

知识点

客运服务规范用语。

能力要求

（1）能够在不同情境下使用行业文明用语；

（2）在乘务服务中做到语音适当、语气温和、语调适中。

语言是人们表达意思、交流思想的工具。语言表达是一种技能，也是一门艺术。语言不仅能衡量一个人的业务能力水平，而且可以反映一个人的思想、道德、修养水平。乘务人员必须重视语言礼仪，不断提升个人的语言礼仪修养。

一、语言是一种精神服务

语言是人们交流信息、表达情感、建立良好人际关系的工具。俗话说"良言一句三冬暖，恶语伤人六月寒"，可见语言对人际交往效果的影响特别大。乘务人员能否掌握语言艺术和应用语言技巧，将直接影响旅客的心理反应。一句不中听的话，往往会刺激对方，导致争吵或对骂，进而影响到运输部门的声誉。优雅的举止、文明的语言、和蔼的态度能使旅客心情舒畅、愉快，即使出现分歧，通过温和、文雅、彬彬有礼的语言，也可以避免冲突的发生，显示出运输企业员工良好的教养和素质，从而树立运输部门良好的企业形象。旅客得到热情的、周到的服务也是他们的合理权益。

只有在尊重的基础上才能做到语言和气、文雅、有礼貌。语言礼仪是以尊重为基础的。如果你对别人不尊重，就不会由衷地说出文明礼貌的话语。文明礼貌的谈吐，会让对方产生受到尊重、礼让的感受。反之，说话大大咧咧，满不在乎，脏话、粗话、怪话连篇，只能给旅客留下没有教养的坏印象。

对乘务人员来说，掌握良好的语言礼仪是实现优质服务的必备条件之一。乘务人员说话的水平，直接影响到服务的水平和运输部门的声誉，所以，在乘务服务中，讲究语言艺术是非常重要的，这不仅是工作的要求，同时也是衡量一个人涵养和能力的重要尺度。乘务人员对旅客说话必须注意语言的规范性、礼节性、完整性、准确性、逻辑性、策略性，说话的声调要温和、亲切、谦逊，切不可说脏话、粗话、怪话，更不可用粗野庸俗的话语刺激、侮辱旅客。良好的语言表达能力是可以在生活实践和工作实践中培养、锻炼出来的。

二、乘务服务语言礼仪的要求

乘务人员为旅客服务时应使用普通话，讲究语言礼仪，做到口齿伶俐、吐字清晰、语言简练、自然大方、声音柔和、语调平稳、谈吐文雅。乘务人员在实际工作中，要遵循以下语言礼仪要求。

（1）对旅客要做到勤为主、话当先。服务中要有"五声"（旅客进门或上车有问候声、遇到旅客有招呼声、得到协助有致谢声、麻烦旅客有致歉声、旅客离开有道别声）。杜绝使用"四语"（不尊重旅客的蔑视训斥语、缺乏耐心的烦躁语、自以为是的否定语和刁难旅客的斗气语）。

（2）遇到旅客要面带微笑，主动向旅客问好、打招呼。对旅客称呼要得当，以尊称表示尊重，以简单亲切的问候及关心的话语表示热情。知道职务、职称的称呼职务、职称，如"××主任""××局长""××教授"；不知道职务、职称的可称呼"先生""女士""小姐"等。切忌用"喂"来招呼旅客。即使旅客离自己距离较远，也不能高声呼喊。

（3）接待旅客时要用礼貌的语言向旅客表示问候和关心。应当"请"字当头，"谢"字不离口，表现出对旅客的尊重。

旅客到来时应热情问候："您好，欢迎您乘坐本次列车（航班、邮轮）出行！"服务过程中可以询问："还有什么可以帮您？"旅客离去时可以说："再见，请走好！"一天中不同时刻可分别用"早上好""中午好""晚上好"来问候旅客。

（4）与旅客对话时宜保持 1 m 左右的距离，讲话时应态度和蔼，语言亲切、自然，表达得体准确，音量适中，以对方听得清楚为宜，答话要迅速、明确。

（5）应用心倾听旅客所讲的话，眼睛要望着旅客脸部，在旅客把话说完前，不要随意打断旅客。也不要有任何心不在焉、不耐烦的表情。对于没听清楚的地方要礼貌地请旅客重复一遍。

（6）应妥善答复旅客的询问。对旅客的投诉要耐心倾听并巧妙处理，千万不要和旅客争辩。对于旅客的无理要求，要能沉住气，耐心解释，婉言谢绝。当旅客表示感谢时，应微笑、谦逊地回答："不用谢，您太客气了！"在行走过程中遇有旅客问话时，应停下脚步，认真回答。

（7）要注意选择礼貌用语，恰当地使用礼貌用语。

（8）合理运用基本礼貌用语。

称呼语："先生""小姐""夫人""女士""同志""老大爷""老大娘""小朋友""那位先生""那位女士""那位同志"等。

欢迎语："欢迎光临""欢迎您乘坐本次列车（航班、邮轮）""祝您旅途愉快"等。

问候语："您好""早上好""中午好""晚上好""晚安""见到您很高兴"等。

祝贺语："祝您节日快乐""祝您生日快乐""祝您生意兴隆"等。

告别语："再见""祝您一路顺风""欢迎您再次乘坐本次列车（航班、邮轮）"等。

道歉语："对不起""请原谅""打扰您了""失礼了""让您久等了""请不要介意"等。

道谢语："谢谢""非常感谢！"等。

应答语："是的""好的""我明白了""这是我应该做的"等。

征询语："请问您有什么事""需要我帮您做些什么吗""您还需要别的帮助吗""这会打扰您吗""您需要……""请您……好吗"等。

推辞语："很遗憾""恐怕这样是不可以的，谢谢您的理解"等。

三、乘务人员一般规范用语

1. 文明敬语

"请""您""谢谢""对不起""没关系""不客气""再见"等。

2. 旅客尊称

年长旅客，统称为"老师傅""老先生""老同志"等。

年轻旅客，统称为"女士""先生""旅客"等。

年少旅客，统称为"同学""学生"等。

年幼旅客，统称为"小朋友"等。

3. 查、验车票用语

需要查验票证时可以对旅客说："您好，请出示您的车票（登机牌、船票）。"

对持有效票证的旅客，查验后应说："谢谢！请收好。"

4. 温馨提示用语

（1）开、关车（舱）门时说："站在车（舱）门处的旅客，请您注意，（我）要开（关）车（舱）门了。"

（2）向旅客进行车（舱）内、外安全提示时说："请您扶好、坐稳。"，或说："请您注意安全。"

（3）向旅客进行防盗提示时说："各位旅客，请您携带（保管）好随身物品，以免丢失。"

5. 妨碍、打扰旅客时的用语

妨碍、打扰旅客时说："抱歉""对不起""请原谅""不好意思""请多包涵"等礼貌用语。

6. 引导用语

要使用明确而规范的引导用言，多用敬语，例如"您好！""请"等，以示尊重。

7. 常用礼貌用语

问候："您好""大家好"。

迎送："欢迎光临""再见""请走好"。

请托："麻烦""打扰了""请稍候"。

致谢："谢谢"。

征询："您需要帮忙吗""这样可以吗"。

答复："好的""很高兴为您服务""不要紧"。

赞赏："这个办法不错""太好了"。

道歉："对不起""请多包涵""失敬了"。

8. 禁忌话题

乘务人员在工作中要做到"七不问"，即涉及年龄、婚姻、收入、经历、住址、信仰、健康的内容不问。

四、乘务人员规范用语

（1）当旅客询问时说："您好，请讲。"

（2）检票时说："请您出示车票（登机牌、船票）。"

（3）检查危险品时说："对不起，请您将包打开接受检查，谢谢。"

（4）整理队伍时说："请您按顺序排好队。"

（5）需要旅客配合通行时说："对不起，劳驾。"

（6）整理行李，打扫卫生时说："对不起，请您让一下。"

（7）遇到旅客寻求帮助时说："请问您需要什么帮助。"

（8）失礼时说："对不起，请原谅。"

（9）纠正旅客违反规章制度时说："请您配合我们的工作，谢谢！"

（10）受到旅客表扬时说："请您多提宝贵意见。"

（11）受到旅客批评时说："对不起！给您造成困扰了。"

（12）售票时说："请问您买到哪里？"

（13）接到旅客咨询电话时说："您好，请讲。"

（14）售票窗口拥挤时说："请大家按顺序排好队，不要拥挤。"

（15）旅客买票排错队时说："对不起，请到××窗口排队购票。"

（16）误售客票时说："对不起，请稍等，马上更正。"

（17）旅客行李超重时说："对不起。请您按规定补费。"

（18）旅客之间发生矛盾时说："请不要争吵，有问题合理解决。"

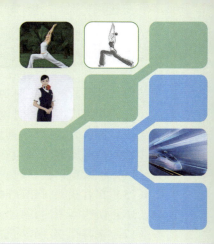

项目四

乘务服务礼仪技巧

项目导入

本项目对乘务服务礼仪技巧进行介绍，使读者对乘务服务礼仪有更加全面的认识。

项目知识结构框图

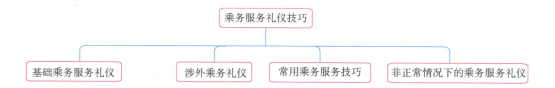

乘务服务礼仪技巧

基础乘务服务礼仪　　涉外乘务礼仪　　常用乘务服务技巧　　非正常情况下的乘务服务礼仪

任务一　基础乘务服务礼仪

知识点

（1）针对普通旅客的服务礼仪；

（2）针对特殊旅客的服务礼仪。

能力要求

能针对不同旅客的特点，提供个性化的服务。

一、针对普通旅客的服务礼仪

1. 迎客

（1）检查洗手间洗手液是否注满、喷头是否通畅。

（2）如果交通工具内的空气不够清新，在旅客登乘前，乘务人员可在座椅侧面喷洒少量香水，空气中喷洒少量空气清新剂，洗手间内除喷洒空气清新剂外，还可将固体香水取下直接对准通风口，以起到祛除异味的作用。

（3）乘务人员的行李物品不能占用旅客行李架。

（4）乘务人员在交通工具中相遇可背对背侧身，让对方通过，与旅客相遇时则应礼让旅客，让旅客先行通过。

（5）迎客前须再次整理仪容仪表，旅客登乘时，主动问候旅客，老人等重点旅客上车时，主动上前搀扶，协助提拿行李，儿童上车时弯腰问候，可抚摸儿童肩部表达对儿童的关爱。

（6）委婉提醒旅客找到座位后将过道让开，以便后面的旅客通过，但不得吆喝、推搡旅客，随时注意自身在疏通过道或协助旅客安放行李时是否堵住了过道。

（7）要亲切、友好地提醒旅客不要将所携带的物品放在过道上，以免给其他旅客带来不便。

（8）协助老、弱、病、残及行李过多、过重的旅客安放行李。

（9）在帮旅客摆放行李时，要先经旅客同意，摆放时轻拿轻放，同时要注意将行李摆放在旅客视线范围内，并提醒旅客自行看管好行李。避免将行李摆放在离旅客座位过远的行李架上，尤其是老年旅客的行李，要尽量放置在其座位的下方、上方或前方，避免其因无法照看而感到不安。

2. 途中服务

（1）仔细观察旅客，对神色异常、感觉不舒服的旅客及时给予关心和帮助。

（2）为旅客提供服务时，要使用规范的服务用语。

（3）在保障安全、不违反政策的前提下适当为患病、身材高大等有特殊困难的旅客调整到更加舒适的座位或为其升级座位等级。

（4）交通工具即将开动前，如旅客尚未就座，可上前提醒旅客坐好，注意安全。

（5）提醒旅客不要把容易滴洒的液体放在行李架上。

（6）提醒旅客保管好笔记本电脑等贵重物品或易碎物品。

（7）乘务人员在走动时，动作要轻，避免碰撞正在阅读报刊或休息的旅客，拉帘子的动作要轻并要提前和旅客打好招呼，避免惊扰旅客。

（8）提前安排好液晶屏幕的视频播放顺序。乘务人员要提前感受音量大小，并做适当调整。

（9）了解旅客对视频节目的反应，及时更换不受欢迎的节目。

（10）为旅客提供饮品时，主动协助旅客打开小桌板。检查列车提供的食品、饮料的品质，以及餐饮用具是否干净。

（11）为旅客服务时，要留心观察，最好在旅客开口之前就提供所需服务。如图4-1所示，乘务人员观察到旅客希望调整座椅靠背时，可主动上前询问，得到肯定答复后为旅客进行服务。

图 4-1　为旅客调节座椅

3. 巡视

（1）乘务人员须保持口腔清新，避免口腔异味干扰旅客。

（2）要保持洗手间干净、卫生，定期打开洗手间通风口，及时喷洒香水，如部分洗手间马桶异味较大，须及时盖好马桶盖。

（3）打扫洗手间时须关上洗手间的门，以免冲水的噪声和异味打扰旅客。

（4）乘务人员单独回答旅客询问时，可以采用蹲式服务，音量以不影响其他旅客休息为宜；委婉提醒大声交谈的旅客，避免其影响其他旅客。

（5）巡视时避免碰撞看报或休息的旅客，如不小心碰撞旅客，应及时真诚地道歉。

（6）旅客把报纸伸出过道阅读时，乘务人员应委婉地要求旅客把过道让出并及时对旅客的配合表示感谢。

（7）提醒大声喧哗的旅客保持安静，要注意说话的态度及语气，充分尊重旅客，宜采用征求意见式劝阻法，而不是严肃的命令式劝阻法。

（8）旅客按了呼唤铃时，乘务人员应立即询问旅客："请问有什么可以帮你？"之后关闭呼唤铃。禁止出现乘务人员直接关闭呼唤铃，不询问旅客需要什么帮助的情况。

（9）询问阅读书报的旅客是否需要打开阅读灯。

（10）当洗手池水龙头出现故障时，乘务人员应主动为旅客提供湿纸巾。

（11）供旅客使用的服务设施出现故障时，乘务人员可以提前在出现故障的位置贴上一些提示性的告示。

（12）如图 4-2 所示，乘务人员在工作中应时刻保持良好的精神面貌和训练有素的举止。

（13）耐心倾听旅客的各种抱怨，力所能及地满足旅客的要求。

（14）避免谈论有争议的话题，避免与旅客长谈。

（15）到达前，应及时将预计到站时间和到达地的天气等情况告知旅客。

（16）从乘务人员座椅起身时，用手轻轻按压椅面，避免座椅强烈弹起而发出声响。

（17）送客时，对行李较多的旅客应提供适当的帮助，当其堵住通道时，应主动上前帮助旅客提拿行李；如旅客的背包肩带掉落，可帮其扶好。

图 4-2　乘务人员在工作中应时刻保持良好的精神面貌和训练有素的举止

4. 其他服务

（1）旅客丢弃在车厢通道上的杂物，包括报纸、纸巾，包装纸，甚至是非常小的牙签、碎纸屑等都要及时清理干净。

（2）旅客睡着时，实行"零干扰"服务。

（3）委婉阻止持低等级票的旅客到高等级座位就座，避免乘务人员及售货车频繁进出。乘务人员说话要轻，动作也要轻，避免打扰旅客。

二、针对特殊旅客的服务礼仪

1. 贵宾旅客

（1）了解贵宾旅客的职务、年龄、性别、服务喜好等信息，以方便为其提供个性化的服务。

（2）贵宾旅客登乘时，及时为贵宾旅客挂好衣物并向其介绍座位号和到达时间。

（3）尽量减少对贵宾旅客的不必要打扰，如贵宾旅客不需要服务，乘务人员之间应做好沟通，避免重复询问。

（4）送客时帮助贵宾旅客提拿行李并交给接站人员或随行人员，真诚地向贵宾旅客道别，表达期待再次为其服务的意愿。

（5）与贵宾旅客聊天时，话题应避免涉及商业机密或政治方面的内容。

（6）不要忽视贵宾旅客的随行人员，对贵宾旅客随行人员的各项服务应优于普通旅客。

（7）乘务人员应真诚地询问贵宾旅客及其随行人员对乘务服务质量的满意度。

（8）贵宾旅客随行人员下车时，也须主动向其道别。

2. 孕妇、儿童及携带婴儿的旅客

（1）孕妇旅客登乘时，应主动帮助其提拿、安放随身携带品。

（2）向孕妇旅客多提供几个清洁袋，主动询问孕妇旅客感受，随时给予照顾。

（3）到达时，乘务人员可协助孕妇旅客提取行李。

（4）儿童旅客上车时可弯腰向其问好，以表示欢迎及爱护，要告知儿童旅客的监护人不要让孩子随便跑动，以免发生危险。

（5）根据现有条件向儿童旅客提供一些读物、玩具等。

（6）主动关闭婴儿所在座位的通风孔，告知携带婴儿的旅客卫生间换尿布台的位置及使用方法。

（7）主动帮助携带婴儿的旅客提拿行李并将行李安放整齐，事先提示其把婴儿用的物品取出，放在便于拿取的位置。

（8）用餐时，提醒携带婴儿的旅客及周围的旅客注意避免将小桌板上的饮料（尤其是热饮）泼洒到婴儿身上。主动询问携带婴儿的旅客是否需要为婴儿准备食物，是否要冲奶粉，有无其他特殊要求等，为婴儿准备热水时，用小毛巾或餐巾纸将冲好的奶瓶包好，递给照顾婴儿的旅客。

（9）要时刻关注携带婴儿的旅客，但除非旅客请乘务人员帮忙，否则不要主动去抱婴儿。

3. 老年旅客

（1）老年旅客登乘时，需主动上前搀扶并将其送到座位上。

（2）老年旅客腿部怕冷，应主动提供毛毯。

（3）由于老年旅客听觉较差。经常听不清楚广播内容，乘务人员应主动告诉其广播内容并向其介绍相关服务设备、洗手间的位置等信息。与老年旅客讲话时，音量要提高，但要注意保持友好亲切的说话语气和服务态度。

（4）旅途中经常看望老年旅客，主动问寒问暖。工作空余时多与他们交谈，消除老年旅客的寂寞。

（5）到达目的地后，提醒老年旅客别忘记所携带的物品，搀扶其离开，与接站人员做好交接。

（6）如老年旅客要使用洗手间，应及时满足并帮其放好马桶垫纸。

4. 伤残旅客

（1）了解伤残旅客的到达站并将到达时间、换乘及时间等信息通过语言、手势或写字等多种有效的方式告诉伤残旅客。

（2）将车上设备的使用方法、洗手间位置等信息通过语言、手势或写字等多种有效的方式告诉伤残旅客。服务过程中要尊重伤残旅客的意愿。

（3）将伤残旅客安排在离进出口较近的位置。

（4）伤残旅客就座后，应主动询问其是否需要枕头或毛毯。

（5）对于下肢伤残的旅客，应及时用小纸箱等物品协助其垫高下肢，尽量使其感觉舒适。

（6）乘务人员在为伤残旅客（特别是刚受伤的旅客）服务的时候，应保持正常的心态，以免伤其自尊心，不可出现歧视、怜悯等态度。

（7）无人陪伴的伤残旅客去洗手间时要主动搀扶。

（8）到达后，帮助伤残旅客离开并与接站人员做好交接后，服务工作才结束。

（9）乘务服务工作中经常会遇到有语言障碍的旅客，掌握基本的手语非常必要。下面介绍几种简单的手语动作。

"你好"的手语动作如图 4-3 所示。

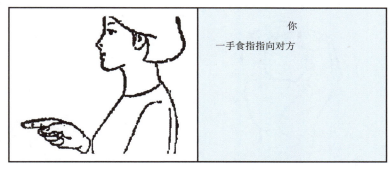

（a）"你"的手语动作

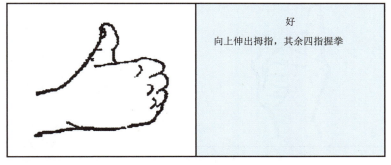

（b）"好"的手语动作

图 4-3　"你好"的手语动作

表示快的手语动作是一手拇、食指相捏，在眼前迅速划过。

表示慢的手语动作是一手掌心向下，慢慢地上下微动几下。

表示等的手语动作是一手横伸，手背贴于颌下。

"对不起"的手语动作如图 4-4 所示。

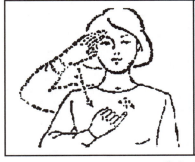

图 4-4　"对不起"的手语动作

"零"至"十"的手语动作如图 4-5 所示。

零
一手拇、食指相捏成圆圈，余指自然弯曲

（a）"零"的手语动作

一
一手伸出食指，其余四指弯曲

（b）"一"的手语动作

二
一手伸出食指、中指，其余三指弯曲

（c）"二"的手语动作

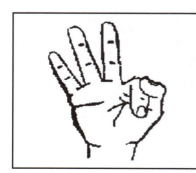

三
一手伸出中指、无名指、小指，拇指、食指弯曲

（d）"三"的手语动作

图4-5 "零"至"十"的手语动作

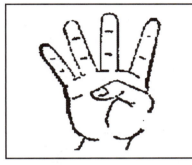

	四
	一手伸出食指、中指、无名指、小指，拇指弯曲

（e）"四"的手语动作

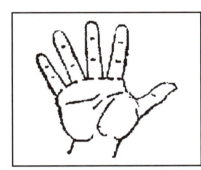

	五
	五指一起伸出

（f）"五"的手语动作

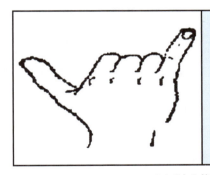

	六
	一手伸出拇指、小指，其余三指弯曲

（g）"六"的手语动作

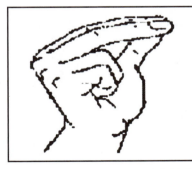

	七
	一手拇指、食指、中指相捏，其余两指弯曲

（h）"七"的手语动作

图4-5　"零"至"十"的手语动作（续）

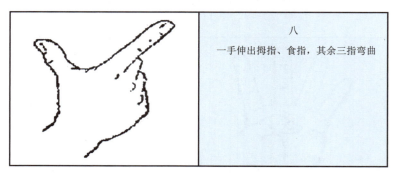

（i）"八"的手语动作

（j）"九"的手语动作

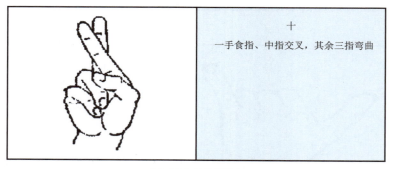

（k）"十"的手语动作

图 4-5 "零"至"十"的手语动作（续）

"上""下"的手语动作如图 4-6 所示。

（a）"上"的手语动作

图 4-6 "上""下"的手语动作

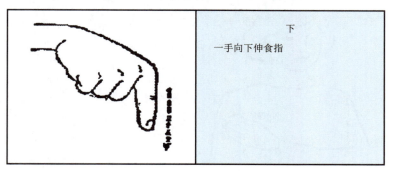

下
一手向下伸食指

（b）"下"的手语动作

图4-6 "上""下"的手语动作（续）

"前""后""左""右"的手语动作如图4-7所示。

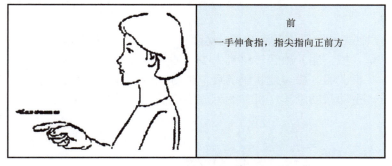

前
一手伸食指，指尖指向正前方

（a）"前"的手语动作

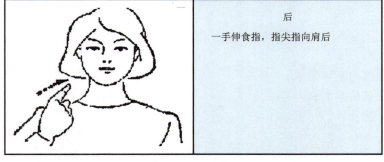

后
一手伸食指，指尖指向肩后

（b）"后"的手语动作

左
右手拍一下左臂

（c）"左"的手语动作

图4-7 "前""后""左""右"的手语动作

（d）"右"的手语动作

图4-7 "前""后""左""右"的手语动作（续）

5. 晕车（机、船）旅客

（1）轻声询问出现相关症状旅客的身体情况及有无相关病史，根据情况为旅客提供相关药品并加以安慰。

（2）主动提供热毛巾、温水及清洁袋，建议晕车（机、船）旅客解开过紧的领带或衣领扣。

（3）可将晕车（机、船）旅客转移到人少、通风良好的处所。

（4）待晕车（机、船）旅客症状缓解后，适时为旅客提供服务。

（5）到达时，主动帮助晕车（机、船）旅客提拿行李并搀扶其离开。

任务二 涉外乘务礼仪

知识点

（1）涉外礼仪的基本要求；

（2）涉外礼仪的禁忌；

（3）涉外交际礼仪。

能力要求

（1）能了解涉外礼仪的基本要求；

（2）能掌握涉外礼仪的禁忌；

（3）能掌握简单的涉外交际礼仪规范。

一、涉外礼仪的基本要求

1. 个人形象

乘务人员的个人形象包括仪容仪表，言谈举止，个人气质等，个人形象给人第一印象，非常重要。

2. 不卑不亢

乘务人员要意识到自己代表的是国家、民族、所在单位，言行应从容得体，堂堂正正，不应表现得畏惧、卑微、低三下四，也不应表现得狂傲自大、目中无人。对个别外籍旅客的不友好言行，要具体分析，正确对待，不能感情用事。发生特殊情况交由上级领导和公安部门处理。

3. 求同存异

乘务人员要树立正确的涉外礼仪观念（各国礼仪习俗存在差异，重要的是互相理解，而不是评判是非，鉴定优劣）。

4. 尊重对方的习俗

乘务人员要真正做到尊重外籍旅客，首先必须尊重对方所独有的风俗习惯。

5. 信守约定

乘务人员须严格地遵守自己的所有承诺，说话务必算数，许诺一定兑现。

6. 热情适度

乘务人员不仅对待外籍旅客要热情友好，更为重要的是要把握热情友好的具体分寸，否则就会事与愿违，过犹不及，会使人厌烦或怀疑你别有用心。

7. 谦虚适当

乘务人员一方面不能一味地抬高自己，另一方面也绝对没有必要妄自菲薄、自我贬低、自轻自贱，过度对外籍旅客谦虚客套。

8. 尊重隐私

乘务人员在对外交往中不要涉及收入、年龄、婚姻、健康、家庭住址、个人经历、信仰、政见等隐私方面的话题。

9. 女士优先

在一切社交场合，尊重、照顾、体谅、关心、保护妇女是世界通行的礼仪规则。

10. 以右为尊

在并排站立、行走、就座、会见、会谈、宴会桌次、乘车、挂国旗等方面都应遵循以右为尊的国际惯例。

二、涉外礼仪的禁忌

人们在交流中并不是想说什么就说什么的，在日常交际中不是任何话题都可以涉及的。在人际交往中，有些话题是要回避的，由于人们不愿或不敢随便谈论一些话题或词汇，于是就出现了禁忌现象。在日常生活和工作中，违反言语禁忌，往往会显得唐突和无理，容易造成不好的后果。

1. 言语禁忌

1）称谓禁忌

与外籍旅客交往，对男性一般称"先生"，对女性一般称"夫人""小姐"。在称呼的前面，也可以冠以姓名、职称、衔称等。对地位高的官方人士，如部长以上的高级官员，可称"阁下"，对有地位的女性可以称夫人，对有官阶、官衔的女性，也可称"阁下"。诸如"外国佬""老外"等称谓是严禁使用的。

2）词语禁忌

词语禁忌内容较多，例如，无论东方还是西方，都对"死"有忌讳，都不愿意提及"死"字。对于生理有缺陷的人，为避免伤害其自尊心，也要使用委婉的表达方式。要在平时多积累词语禁忌知识，才能做到有备无患。

2. 习俗禁忌

1）隐私禁忌

在许多国家，个人隐私是人们最大的禁忌之一。个人隐私包括个人的年龄、财产、工资、婚姻、职业、政治倾向、宗教信仰等。除非本人乐意，否则询问别人的隐私会引起对方极大的不快。

2）公共场合禁忌

许多国家在公共场合要严格遵守先来后到的顺序。在公共场合打电话或与他人交谈时，不能大声喧哗。

3）饮食禁忌

饮食是一个人生活的重要组成部分，在长期的生活过程中，每一个国家或民族都形成了自己独特的饮食文化，而饮食禁忌便是饮食文化中的重要组成部分。饮食禁忌既涉及饮食的内容，即忌吃哪些食物，也涉及饮食方式，即进食时忌讳的行为或方式。西方人忌吃肥肉及鸡、鸭类动物的皮（烤鸭、烤鸡的皮除外），忌食各种动物的头、脚、内脏做成的食品。另外，我们还知道进食时有各种规矩，西方人用刀叉吃饭，东方人用筷子，还有的民族用手抓饭吃，他们这样做的时候也有各种禁忌，比如西方人进食忌刀叉取食时叮当作响。西方人进食时，自己不喜欢的饭菜会少要，或不要，忌自己的菜盘剩下东西不吃；忌大吃大喝弄出声音；忌喝汤时弄出声；口中有食物时忌说话；忌饭后当众剔牙等。

4）数字禁忌

对某些数字的禁忌是世界各民族共有的现象。例如对许多西方人来说，"13"是一个令人恐惧的数字，高速铁路客运服务人员在为其服务时，就应尽量不说这个数字。

三、涉外交际礼节

1. 鞠躬礼

在西方国家也有鞠躬的礼节，即用俯首、弯腰以示尊敬之意。比如，鞠躬迎客、鞠躬送客、鞠躬致意、鞠躬致谢，但是西方人没有东方人三鞠躬的"大礼"。在一般情况下西方人行鞠躬礼时，保持一种自然下倾，不超过15°的身体姿势。

2. 握手礼

握手礼是通用的交际礼节，使用范围很广。

握手时，双方都要站着握手，如果相距较远，则双方要走近后再握手。

西方人握手后马上松开，两人的距离也随即拉开。

3. 拥抱礼

拥抱是西方的礼节，在拥抱时，两个人相对而立，右臂偏上，左臂偏下，右手护着对方的左肩，左手扶着对方的右后腰，按各自的方位，两人头部及上身都先向左拥抱，再转向右拥抱，最后又向左拥抱。

任务三　常用乘务服务技巧

知识点

（1）补票工作技巧；
（2）避免持低等级票旅客打扰持高等级票旅客的处理技巧；
（3）乘务人员损坏或弄脏旅客衣服的处理技巧；
（4）旅客接听手机声音较大、使用计算机时声音较大或大声说话时的处理技巧。

能力要求

（1）掌握补票工作技巧；
（2）掌握避免持低等级票旅客打扰持高等级票旅客的处理技巧；
（3）掌握乘务人员损坏或弄脏旅客衣服的处理技巧；
（4）掌握旅客接听手机声音较大、使用计算机时声音较大或大声说话时的处理技巧。

一、补票工作技巧

车（机、船）票是旅客乘车（机、船）的凭证，是运输企业与旅客的运输合同，也是运输企业盛情相邀的"请柬"。

查票前要事先做好广播宣传或口头宣传："旅客们，现在开始验票，请大家把票准备好，谢谢！"要在提醒当中传递一份善解人意的关怀。

查票的时机要在适当时候，以免影响旅客休息。

注意查票时的语言，要亲切礼貌，"请"字当头。

在查票时往往会碰上不理不睬、不配合的旅客。无论他出于什么原因，都不能计较，可略提高音量，态度和蔼地说"先生（女士），请出示您的票，如果您没来得及买票，可以办理补票手续。"只要据理说事，态度和蔼，大部分旅客是会积极配合的。

切不可有"终于让我逮到你了"的心态，得理不让人。要有理说理，就事论事，绝不能把话题引向旅客的品格、修养上，进行人身攻击。

二、避免持低等级票旅客打扰持高等级票旅客的处理技巧

（1）乘务人员应随时监控相关情况，防止无关人员进入高等级区域。

（2）发现持低等级票旅客就座高等级座时，可以友善地询问："请问，您是想办理升级手续吗？"处理过程中尽量不要影响其他旅客休息。

（3）有持高等级票旅客就座时，应委婉阻止其他旅客在高等级区域拍照或参观。

三、乘务人员损坏或弄脏旅客衣物的处理技巧

（1）当乘务人员在服务过程中，由于自身或其他原因损坏或弄脏旅客的衣物时，应马上向旅客致歉（语言要亲切，语气要充满关心），尽量帮助旅客做整理、清洗等弥补工作，将损失降到最低。

（2）对于弄脏的衣物，乘务人员应主动提出帮助旅客清洗，如果在交通工具上无法清洗，应将旅客的联络方式留下，待衣物清洗干净后，以邮寄等方式送还旅客。

（3）对于损坏程度较大，需要赔偿的衣物，应酌情给予赔偿（尽量平息旅客的怒气，以尽快解决问题为首要原则），一般情况下，由乘务人员所属单位承担赔偿费用，如果是乘务人员故意损坏或弄脏旅客衣物，则由乘务人员承担赔偿费用。

（4）如衣物的损坏或弄脏是由不可抗拒的原因引起的，乘务人员所属单位也应给予旅客适当的补偿，以体现运输部门对旅客的关心。

四、旅客接听手机声音较大、使用计算机时声音较大或大声说话时的处理技巧

乘务人员要走到旅客旁边，劝旅客尽量降低接听手机时的声音或到非乘坐区域接听手机；用婉转的语言劝使用计算机的旅客戴上耳机或把计算机音量调小；建议旅客说话时要声量适当，尽量不对其他旅客造成影响，最后要对旅客的配合表示感谢。

任务四 非正常情况下的乘务服务礼仪

知识点

（1）发生旅客争执时的应急服务礼仪；
（2）旅客丢失、被盗物品时的应急服务礼仪；
（3）旅客受伤时的应急服务礼仪；
（4）旅客食物中毒时的应急服务礼仪；
（5）对精神病旅客的应急服务。

能力要求

能够有效解决乘务工作中发生的各种突发情况，为旅客提供符合礼仪规范的服务。

一、旅客之间发生争执的应急服务

（1）乘务人员先安抚旅客并简单了解事情的起因，同时报告乘务长。

（2）尽可能为旅客调整座位，协助旅客妥善放置好随身物品，调解、缓解旅客间的矛盾，注意语言技巧，减少事件对周围旅客的影响。

（3）对于不听乘务员劝阻，争执行为过激引发打架斗殴，且经警方调解，仍无法平息矛盾的，应及时报告乘务长，由乘务长决定是否需要公安派出所人员协助，旅客是否可以继续旅行。

（4）如乘务长同意旅客继续旅行，乘务人员在途中应加强监控，以避免矛盾再次激发。

（5）乘务人员应向相关旅客提供优质的服务，消除旅客不愉快的记忆，缓解矛盾。

二、旅客丢失或被盗物品后的应急服务

1. 旅客物品丢失的处置

（1）得知旅客丢失物品后，乘务人员应及时向乘务长和警方通报，配合乘务长和警方询

问当事人是否确定物品在本交通工具上丢失。

（2）了解丢失物品的基本特征，通过广播播放寻物启事并积极配合当事人寻找丢失物品。

（3）记录丢失物品的名称、型号、形状，颜色、大小，包括当事人的姓名、联系地址、电话等详细信息。

（4）询问旅客是否需要通知相关公安部门协助寻找。

（5）如需要排查，须对其他旅客做好解释工作，广播说明有旅客丢失了贵重物品，请大家协助检查。应注意语言技巧，避免引起其他旅客的反感。如部分旅客已经离开，通知公安派出所在出口处对相关旅客进行排查。

（6）乘务长按规定填写乘务报告，及时将旅客丢失物品情况反馈给有关部门进行备案。

2. 旅客物品被盗的处置

（1）发生盗窃案后，乘务人员应在第一时间将事件报告乘务长，各岗位密切配合、分工明确、稳而不乱。

（2）与其他旅客交谈时，言辞得当，同时细心观察其他旅客的表现，锁定嫌疑人。

（3）锁定嫌疑对象后，与乘务长、警方协商，决定是否可以让其他旅客下车（机、船），并让案件的几名当事人在警方的监督下离开车（机、船）等候进一步的处理，以免带来安全隐患。

（4）发生盗窃事件后，乘务长将旅客信息及事件经过，在值乘结束后 1 个工作日内，反馈给有关部门。

三、旅客受伤的应急服务

（1）发现旅客受伤（颠簸、餐车撞伤、烫伤、行李砸伤等）情况，应注意语言技巧，体现出乘务人员的关心和真诚并及时查看伤情、安抚旅客，根据旅客的受伤情况，按照"乘务应急预案"进行急救处理。

（2）及时将事情的经过、处理方法、旅客要求等情况向乘务长报告。

（3）广播找医生时，尽可能多广播几次，让旅客感觉乘务人员很尽心。

（4）请周围的旅客提供书面证明时，尽量回避当事人，设法留下旅客基本资料、旅客证词，当事旅客有责任的，须在书面材料中提及旅客责任，留下周围旅客的联系电话。

（5）如需要援助，请求乘务长联系最近的具备医疗抢救条件的车站（机场、码头），由该处联系当地的医护人员做好救援准备。

（6）如旅客提出赔偿等要求，不能私自向旅客进行任何承诺，应婉言告知旅客相关事宜将由有关单位出面给予解决。

（7）记录旅客的详细资料，如旅客姓名、国籍、年龄、性别、家庭住址、联系电话、受伤情况、处理方法等，必要时请警方协助，按照乘务应急预案，视情节轻重及时处理，并将事件相关情况记录在乘务报告中。

四、旅客发生食物中毒的应急服务

（1）乘务人员应对有关人员进行登记，封锁现场，封存可疑食品、餐具等，疾控部门应收集中毒人员的呕吐物、排泄物。

（2）乘务人员应积极配合现场医疗和疾控部门的工作。

（3）处理过程中，注意安抚中毒旅客，将其转移到通风良好的空间，必要时进行催吐等处理，避免中毒旅客产生不良情绪，同时注意做好防护工作，以免引起其他旅客恐慌。

五、精神病旅客的应急服务

（1）乘务人员出发立岗时，发现有精神病征兆的旅客未有正常旅客陪同的情况时，应拒绝其登乘并向乘务长汇报，由乘务长联系相关部门并终止该旅客旅行。

（2）途中发现无人护送的精神病旅客时，乘务长必须安排专人看护并落实责任。精神病旅客如厕时，不得让其锁闭厕所门。

（3）发现有人护送的精神病旅客登乘时，乘务长和乘务人员要主动向护送人员交代安全注意事项，积极协助护送人员监护精神病旅客。

（4）对在途中发作的精神病旅客应采取有效措施，行为剧烈者应使用"约束带"限制其行为并由警方收缴其携带的锐器，防止其伤害其他旅客。

（5）精神病旅客到达时，乘务长须按规定编制相关记录，及时上交相关单位。

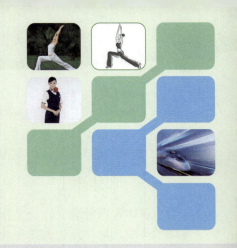

形体训练概述

一名优秀的职场人士，应当具备良好的身体素质。职场人士的工作强度普遍较高，需要健康的身体素质来应对。形体训练便是通过对身体机能的锻炼来促进身体的健康，从而确保为客户提供高质量的服务。

形体在日常生活中一般被称为"身材"，是人体在正常情况下的体形状态和身体姿态。形体美是人体在先天遗传性和后天获得性的基础上完善的结果，是良好的体形、体姿及心理状态共同显现出来的自然美。形体训练即以人的身体练习为基本手段，根据人体结构和运动规律，通过系统、有针对性的练习来塑造体形，培养良好的身体姿态。

项目知识结构框图

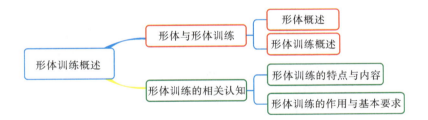

任务一 形体与形体训练

知识点

（1）形体概述；

（2）形体训练概述。

能力要求

（1）总结形体的含义；

（2）明确形体训练的范围。

一、形体概述

形体有两种含义，一是指身体、体态；二是指形状和结构。本书中的形体主要指人体形态和体质。形体是指人在先天遗传和后天获得的基础上所表现出来的身体形态上的相对稳定的特征。形体是人体美的一种艺术表现形式，而艺术是指富有创造性的方式、方法。从一定意义上说，先天遗传对形体起着决定性的作用，同时形体与后天生活条件及科学训练也有密切联系。后天科学的形体训练可以发挥个人的优点，改善不足，从而达到美化形体的效果。

形体由体格、体型和姿态三个方面构成。体格指标包括人的身高、坐高、体重、围度（胸围、腰围、臀围、臂围、腿围等）、宽度（肩宽、骨盆宽度）和长度（上、下肢长度等）等。体型是指身体各部分的比例，如上、下身长的比例，肩宽与身高的比例，各种围度之间的比例等。形体美主要取决于身体各部分发展的均衡与整体的和谐。姿态是指人坐、立、行等各种基本活动的姿势。姿势正确、优美，不仅能衬托、体现人的整体美，还能反映一个人的气质与精神风貌。形体美是展示人的内在美的一个"窗口"。

形体美是一种综合的美，它既包含了人体外部表情、轮廓的美，又包含了人体在各种活动中表现出来的体态美。形体美是健康体格、优美姿态、完美体型相互融合的整体美。这种美可通过形体训练获得。

二、形体训练概述

形体训练是以科学理论为基础，通过各种身体练习，以增进健康、增强体质、塑造体形、训练仪态、陶冶情操为目的的有计划、有组织的锻炼过程。

形体训练是一门塑造人体美的科学，它以强身健体、美化体形、端正姿态的训练效果，赢得了社会公众的喜爱。它将音乐、舞蹈、体育融为一体，创造了一种既能锻炼身体又能塑造形体，既能陶冶情操又能进行艺术创造，既能健身又能健心的综合身体活动。

形体训练是一种高雅的健身活动，具有美感和动感，其主要通过舞蹈的基础训练达到塑造完美形体的效果。形体训练集健身、健美、健心为一体，其本质是内化道德情操，外化行为气质。它以芭蕾舞的基本训练为基础，结合了中国古典舞、中国民族民间舞、现代舞、瑜伽与礼仪训练等进行综合练习，进而塑造优美的形体，培养高雅的气质。

任务二　形体训练的相关认知

知识点

（1）形体训练的特点；

（2）形体训练的内容；

（3）形体训练的作用；

（4）形体训练的基本要求。

能力要求

（1）总结形体训练的特点与内容；

（2）明确形体训练的作用和基本要求。

一、形体训练的特点与内容

1. 形体训练的特点

形体训练是以人体形态科学为基础，以美的标准进行的一项运动，形体训练有其区别于其他体育运动的不同特点。

1）目的性

形体训练的根本目的是培养良好的身体形态。它是以培养良好形态的身体练习为主要特征的科学。形体训练的内容多为周期性的静力性活动和控制能力的练习，而非剧烈的体育运动，形体训练是一种以严格规范的形体控制练习和符合人体运动自然规律的徒手练习为基础的运动形式。

2）艺术性

形体训练具有强烈的艺术性。形体训练是一种具有美的性质的运动，其对美的感受较其他体育运动要强得多。可以说，形体训练是一种具有艺术特征的身体运动。形体训练常以丰富多彩的练习内容及形体美的表达形式、舒展优美的姿态、矫健匀称的体型、集体练习中巧妙变换的队形等方式展示强烈的美感。在形体训练中常加入音乐，将形体训练动作生动地组合起来，还可根据不同风格的乐曲，编排出不同风格、形式的形体训练动作，使整个形体训练变得生动、优美。通过形体训练，还能提高形体训练者的音乐素养，培养其良好的气质和修养。值得一提的是，形体训练中常采用旋律优美的钢琴曲伴奏，而钢琴的表现力是所有乐器中最为突出的，钢琴是感受音乐美感的首选乐器，所以形体训练对于提高音乐素养具有很大的促进作用。

3）多样性

形体训练的方法、形式、项目等多种多样，适用于不同水平的练习者。

从形体训练的方法上看，它是在人体解剖学、运动心理学、运动训练学、运动生理学、美学等学科理论指导下进行的，可根据不同的年龄和性别、不同的体型和体质、不同的训练目的和各自的水平，选择不同的训练方法。

从形体训练的形式上看，有局部练习，也有全身性练习；有单人练习，也有双人练习，还有集体练习；有徒手练习，也有器械练习；有站姿练习，也有坐姿练习；有节奏柔和缓慢的练习，也有节奏快、动感强的练习。

从形体训练的项目上看，有健身强体的练习；有健美体形的练习；有训练正确的站、坐、行姿态的练习；有塑造形象的着装、发式、化妆，以及言谈、举止、礼仪等形体语言练习；有适合胖人减肥的练习；有适合瘦人丰腴健美的练习等。

4）适用性

形体训练不是一种高难度的技术型训练，而是适合不同年龄阶段人群的健身方法。它为练习者提供了多种多样的练习内容与科学的健身方法，不同年龄阶段的人可以根据锻炼目的，选择适合自己的练习内容，因此，形体训练具有广泛的适用性。

5）娱乐性

形体训练使人们在轻松愉快的氛围中强身健体，丰富情感，调节情绪，塑造形体。它结合了舞蹈、瑜伽、健身操等健身项目。这种具有针对性、由多种有效项目组合的健身方式相对于传统的、单一的舞蹈训练更具娱乐性。

2. 形体训练的内容

形体训练的内容包括形体素质训练、身体基本形态训练和形体综合训练三种。

1）形体素质训练

形体素质训练具有高密度、低强度的特点，主要是训练形体的控制力和表现力，它包括身体力量、柔韧性、协调性、耐力和灵活性的训练。

2）身体基本形态训练

身体基本形态训练主要是指在音乐伴奏下进行大量的徒手练习、地面练习和把杆练习，其目的是培养练习者的正确体态和完成动作的协调性、准确性，进一步改善身体形态的原始状态，逐渐形成正确站姿、坐姿、走姿及优雅举止，提高形体动作的灵活性和表达能力。

3）形体综合训练

形体综合训练主要是通过有节奏的形体动作作为主要练习手段，一般采用基本舞步、舞蹈组合、韵律操、健美操、体育舞蹈等多种项目进行练习。形体综合训练可提高练习者的有氧代谢能力，促进其身体全面均衡的发展，提高节奏感、音乐表现力、形态表达能力，增强练习者的兴趣，陶冶情操，培养高雅的气质和风度，提高练习者对美的感受和欣赏能力，丰富其想象力和创造力，保持健美体形，促进优美体态的形成。

二、形体训练的作用与基本要求

1. 形体训练的作用

形体训练对个人的身体、心理、外表都会产生相应的影响。

1）健身

形体训练是以身体训练为基本手段，增强体质，促进人体形态更加健美的一种体育运动。健美操锻炼、体态训练、柔韧练习等都能增强运动系统的功能，有益于肌肉、骨骼、关节匀称及协调地发展，有利于形成正确的体态和健美的形体，还能增强心血管系统及呼吸系统的功能，提高身体素质，达到健身的目的，为良好的形象和气质的形成奠定坚实的基础。

形体训练通过基本动作和成套动作练习，对身体各关节、韧带、各重要肌肉群和内脏器官施加合理的运动负荷，对心血管功能、身体柔韧性、协调性、力量、耐力、体重、体质等的改善都有十分显著的作用。如采用压、拉肩，以及下腰等练习来提升柔韧性；采用舞蹈、徒手及成套动作练习来训练大脑支配身体各部位同步运动的能力，改善身体的协调性；采用健美操中的仰卧起坐、快速高踢腿、跳步等来提升力量和弹跳力素质，提高动作的速度和力度；采用跑跳等练习提高耐力素质，增强体能。

人的身体是由骨骼、关节和肌肉组成的，骨骼、关节和肌肉的发育正常与否，将直接影响一个人的身体基本素质情况。经常性的形体训练能使骨质增厚，骨径变粗，骨周围的血液循环得到改善，肌肉的控制能力增强，关节更加灵活。经常进行形体训练，还将使身体变得强壮有力，改善心肺功能，提高消化系统的功能，促进皮肤的血液循环，加快新陈代谢，从而加强人体的防御能力，实现健身的目的。

2）健美

健美主要指人体的形体美，即人体外形的匀称、和谐。形体美基本上是由身高、体重和人体各部分的长度、围度及比例所决定的。通过形体锻炼的力量练习，可使身体各部分的肌肉得到协调、匀称的发展，其主要特征是身体部分肌肉特别发达、线条清晰。通过健美操的练习，可使身体各部分脂肪减少，肌肉的协调性、灵活性增强。进行系统的形体训练还能为良好的站姿、坐姿、走姿的培养打下坚实的基础，而且对于矫正身体的不良姿态，形成优美的体态有着特殊的功效。长期坚持形体锻炼可以使少年儿童形成正确的身体姿态，使青年人动作优美，体态矫健；使中年人延缓身体的衰老，保持良好的体形。

健美的形体是通过运动锻炼出来的。科学、系统的形体锻炼，可使身体协调发展，塑造理想的形体，达到良好的健美效果。

3）健心

形体训练的健身价值是显而易见的，而它的健心价值对青年人的健康成长也有着不可替代的作用。形体训练的健心作用主要包括增强音乐感、丰富想象力和创造力、锻炼顽强的意志及培养正确的审美观。形体训练可以陶冶情操、美化心灵，培养热爱生活、乐观积极的品格，激发自信心和进取心，形成豁达、乐观、开朗的良好心态，极大地促进身心的健康。

2. 形体训练的基本要求

形体训练要遵循一些基本要求，按照正常的流程和步骤进行练习。

1）做好准备

训练前必须做好准备活动，唤醒神经、肌肉与韧带。准备活动要安排轻松自如、由弱到强的适度练习，一般 10～15 分钟为宜。训练时要穿有弹性的紧身服装或宽松的休闲服，穿体操鞋、舞蹈鞋或健身鞋，并保持整洁。

2）合理安排

形体训练要遵循人体发展的规律，根据练习者身体的实际情况来确定训练方法，有计划、有步骤地实施，逐步提高，不能急于求成，更不能虎头蛇尾，要持之以恒，较完整地掌握形体训练的有关知识和方法。

一般来说合理的锻炼时间是每次 1.0～1.5 小时，每周至少锻炼 2 次。参加形体训练还要有恰当的生理和心理负荷。运动时达到最大心率的 70%～80%效果最好，训练结束后要做调整。在做器械练习时，要有专人指导和帮助，要注意训练的安全。训练中和训练后要注意补充适当的水分。同时要注意糖、脂肪、蛋白质、维生素、矿物质等饮食营养的合理搭配，以保证足够的营养和营养之间的平衡。同时音乐选配合适与否，直接影响形体训练的效果。形体训练时的背景音乐要旋律优美、格调高雅、富于动感，符合形体动作特点，且易于被人理解和接受。

3）全面锻炼

全面锻炼要求在形体训练时做到力量、速度、耐力、协调性、柔韧性等元素相结合，动力性与静力性练习相结合，大肌肉群和小肌肉群相结合，主动性运动部位与被动性运动部位相结合，负重练习与徒手练习相结合，全身训练与身体某部位的强化训练相结合，无氧运动与有氧运动相结合，呼吸与动作节奏相配合等，从而使全身肌肉群匀称，促进心肺功能改善和肌肉群的协调发展，使身体形态、机能等各种身体素质及心理素质等诸方面都得到和谐的发展。在全面锻炼的基础上，有目的、有意识地加强职业实用性形体训练，效果更佳。

项目实训　　　　　　　　　　　形体美的认知

【实训目标】
（1）能够通过教师讲解、小组讨论掌握相应知识和技能。
（2）加强团队合作能力训练，发挥每一个团队成员的能力，掌握小组讨论、分析、评价的方法，对讨论问题进行记录和总结，完成相关讨论。
（3）能够形成初步的独立思考能力。
（4）能够培养初步的自主学习能力。

【实训内容与要求】
第一步：由教师介绍实训的目的、方式、要求，调动学生实训的积极性。
第二步：由教师布置模拟实训题目——观看形体训练视频，讨论形体训练知识。
第三步：由教师介绍形体的相关知识。
第四步：各小组对形体训练知识进行讨论，并记录小组成员的发言。
第五步：根据小组讨论记录撰写讨论小结。
第六步：各小组相互评议，教师点评、总结。

【实训成果与检测】
成果要求：
（1）提交讨论结果：各学习小组提交讨论记录和小结，以此作为考核成绩的依据。
（2）能够在规定的时间内完成相关的讨论，团队成员合作撰写实训小结。
评价标准：
（1）上课时积极与教师配合，积极思考、发言。
（2）认真观看形体训练视频，积极参加小组讨论、训练，分析问题思路要宽，能结合所学理论知识解答问题。
（3）团队成员分工合作较好。

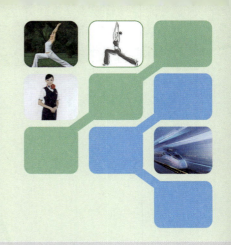

项目六

姿态训练

项目导入

　　本项目主要介绍基本站立姿势，手位、脚位练习，脚步动作舞蹈组合练习，以及其他一系列基本功练习，主要训练职场人士的基本姿势，即训练正确的立、坐、卧和走、跑，以及头部姿态和面部表情。基本姿势正确与否，直接影响人各种运动行为的美。日常生活中，有些年轻人往往忽视形体训练，因此经常出现身体不正、弓背含胸、端肩缩脖、腿弯曲等不健康的体态。通过形体训练，有针对性地练习一段时间，就会练就一个健美的形体姿态。人的头部姿态和面部表情是表达人类丰富情感的重要途径，通过形体训练，使头部姿态优雅，面部表情得体。人的形象美需要其外在表现和内在修养和谐统一，形体训练不仅利用芭蕾、舞蹈、体操舒展的动作来训练人体的优雅姿态，而且也传播了艺术的精髓，培养了人的内涵和修养，使人的精神和形体之美达到统一，有助于提高练习者的气质和风度。

项目知识结构框图

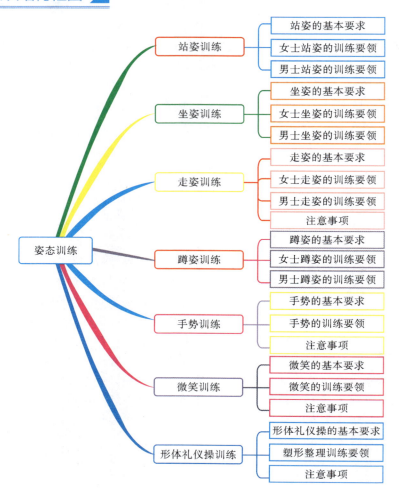

任务一 站姿训练

知识点

（1）站姿的基本要求；
（2）站姿的训练要领。

能力要求

通过学习能够熟练地做出标准的站姿动作。

站立是人们在生活交往中最基本的姿势，站姿是生活中静力造型的动作。站立不仅要挺拔，而且要优美和典雅，站姿是优雅举止的基础。下面介绍站姿的基本要求及相关礼仪。

一、站姿的基本要求

站姿的基本要求如下。

（1）抬头，颈挺直，下颌微收，嘴唇微闭，双目平视前方，面带微笑。

（2）双肩放松，气向下压，身体有向上的感觉，自然呼吸。

（3）挺胸，收腹，立腰，肩平，双臂放松，自然下垂于体侧，虎口向前，手指自然弯曲。基本站姿如图 6-1 所示。

图 6-1　基本站姿

在站姿基本要求的基础上，还可以有所调整。

（1）将两脚平行分开，比肩略窄。

（2）将左脚向前靠于右脚内侧，成丁字步站立。

（3）可以将右手搭在左手上，放在腹部（丁字步腹部握指式如图 6-2 所示）或臀部（丁字步背部握指式如图 6-3 所示）；

图 6-2　丁字步腹部握指式

图 6-3　丁字步背部握指式

（4）将一只手垂于体侧，另一只手放在腹上部或臀部。

站立时不可以双手叉腰、抱在胸前或放入衣袋，不可以探脖、弓腰、东歪西靠。

二、女士站姿的训练要领

（1）站立时，头要正，下颌微收，梗颈，肩要平，并微向后张，双肩自然下垂。

（2）站立时，要挺胸，收腹，立腰，夹臀。

（3）双臂在体侧自然下垂，五指并拢，自然微屈，中指压裤缝，或者双手在体前相握，右手放在左手上，置于腹前；也可以把双手背在身后。

（4）站立时，两腿挺直，两膝并拢，脚跟靠紧，双脚呈丁字形。

（5）站立时，要正直站好。从正面看，身体的重心线应在两腿中间，并穿过脊柱及头部，要防止重心线偏左或偏右。身体重量均匀分布在两个前脚掌。

（6）站立时，表情要自然，眼睛平视，环顾四周，嘴微闭，面带微笑。

以上介绍的是较正式的站姿，在日常生活中的许多场合，不必使用过于正式的站姿，如等人或等车时，两足的位置可以是一前一后，保持45°，这时的肌肉放松而自然，但仍保持身体的挺直。站的姿势应是优美的、自然的，不论站立时摆何种姿势，只有脚的姿势和角度在变，手的位置在变，而身体则应保持正直。

三、男士站姿的训练要领

（1）头正：两眼平视前方，嘴微闭，收颌，梗颈，表情自然，稍带微笑。

（2）肩平：两肩平正，微微放松。

（3）臂垂：两肩平整，两臂自然下垂，中指对准裤缝。

（4）躯挺：胸部挺起，腹部往里收，臀部向内、向上收。

（5）腿并：两腿立直，贴紧，脚跟靠拢，两脚夹角成60°（脚尖成V形）或两脚分开，两脚之间距离与肩同宽。

（6）双臂在体侧自然下垂，五指并拢，自然微屈，中指压在裤缝或者双手在体前相握，右手放在左手上，置于腹前。男士腹部握指式站姿如图6-4所示。也可以把双手背在身后，男士两脚分开背部握指式站姿如图6-5所示。

（a）脚尖成V形　　　　　　　　　　　（b）两脚分开与肩同宽

图6-4　男士腹部握指式站姿

（a）正面　　　　　　　　　　　　　　（b）背面

图6-5　男士两脚分开背部握指式站姿

拓展阅读

站 姿 禁 忌

（1）忌东倒西歪，无精打采，懒散地倚靠在墙上、桌子上。

（2）不要低着头、歪着脖子、含胸、驼背。

（3）不要将身体的重心明显地移到一侧，只用一条腿支撑着身体。

（4）不要下意识地做小动作，如腿不由自主地抖动，用手摆弄头发、手帕、打火机、笔等。

（5）在正式场合，不要将手插在裤袋里面，切忌双手交叉抱在胸前，或是双手叉腰。

任务二 坐姿训练

知识点

（1）坐姿的基本要求；

（2）坐姿的训练要领。

能力要求

通过学习能够熟练地做出标准的坐姿动作。

一、坐姿的基本要求

1. 基本动作

（1）入坐要轻缓，上身正直，人体重心垂直向下，腰部挺起，脊柱向上伸直，胸部向前挺，双肩放松平放，躯干与颈、髋、腿、脚正对前方。

（2）手自然放在双膝上，双膝并拢。

（3）双目平视，面带笑容。

（4）坐时不要把椅子坐满（应坐椅子的2/3），但不可坐在椅子边沿上。

（5）不可坐在椅子上前俯后仰，摇腿跷脚。

2. 两手摆法

有扶手时，双手轻搭或一搭一放；无扶手时，双手相交或轻握置于腹部，左手放左腿上，右手搭左手背，两手呈八字形放于腿上。

3. 两脚摆法

脚跟脚尖全靠或一靠一分，也可一前一后或右脚放在左脚外侧。

4. 两腿摆法

椅子高度适中时，两腿相靠，两膝的距离，男性以一拳为宜，女性以两膝并拢为好，椅子较高时，一腿略搁于一脚上，脚尖向下。

离座时要自然稳当，右脚向后撤半步，起立，起立后右脚与左脚并齐。

二、女士坐姿的训练要领

1. 自然式

上身挺直，双肩水平，两臂自然弯曲，两手交叉叠放在两腿中部，并靠近小腹。两膝并拢，小腿垂直于地面，两脚尖朝正前方。着裙装的女士在入座时要用双手将裙摆内拢，以防坐出皱纹或因裙子被折而使腿部裸露过多。女士自然式坐姿如图 6-6 所示。

图 6-6　女士自然式坐姿

2. 交叉式

在自然式坐姿的基础上，右脚后缩，两脚交叉，两踝关节重叠，两脚尖着地。女士交叉式坐姿如图 6-7 所示。

图 6-7　女士交叉式坐姿

3. 高低式

上身挺直，坐正，将小腿一前一后放好，后面的小腿与地面成 45°，要注意小腿的收回，双脚脚尖向下点地，双膝并拢形成一高一低，双手交叉叠放在前面那条腿的大腿上。女士高低式坐姿如图 6-8 所示。

图 6-8　女士高低式坐姿

4. 斜放式

两小腿向左斜出，两膝并拢，右脚跟靠拢左脚内侧，右脚掌着地，左脚尖着地，头和身躯向左斜。注意大腿小腿要成 90°，小腿要充分伸直，尽量显示小腿长度。女士斜放式坐姿如图 6-9 所示。

图 6-9　女士斜放式坐姿

三、男士坐姿的训练要领

1. 自然式

男士自然式坐姿的动作要领是上身挺直，坐正，双腿自然弯曲，小腿垂直于地面并略分开，双手放在两腿上。男士自然式坐姿如图 6-10 所示。

图 6-10　男士自然式坐姿

2. 交叉式

小腿向后屈，两脚交叉，脚掌外沿着地，坐正立腰，双手放在两腿上。男士交叉式坐姿如图 6-11 所示。

图 6-11　男士交叉式坐姿

3. 高低式

男士高低式坐姿是在男士自然式坐姿的基础上将右小腿向后收，脚尖向下，两膝一高一低，双手分别放于两膝之上。男士高低式坐姿如图6-12。

图6-12　男士高低式坐姿

拓展阅读

坐 姿 禁 忌

（1）忌分腿、腿前伸。
（2）忌一腿弯曲，一腿平伸。
（3）忌双腿不停抖动。
（4）忌双脚或单脚抬放在椅面上。

任务三 走姿训练

知识点

（1）走姿的基本要求；
（2）走姿的训练要领。

能力要求

通过学习能够熟练地做出标准的走姿动作。

一、走姿的基本要求

正确、自然、优雅的走姿，能反映出积极向上的精神状态。标准走姿的基本要求如下。
（1）在行走时，上身基本保持站立的标准姿势，挺胸收腹，腰背笔直。
（2）两臂以身体为中心，前后自然摆动。前摆约35°，后摆约15°，手掌朝向体内。
（3）起步时，身子稍向前倾，重心落在前脚掌，膝盖伸直。
（4）脚尖向正前方伸出，双目平视，收颌，表情自然平和。

二、女士走姿的训练要领

（1）整体要求：女士步履要轻快优雅，步伐适中，不快不慢，展现温柔、矫健之美。

（2）速度：女士的步幅一般在 30 厘米左右，每分钟 118～120 步（可根据所穿鞋的鞋跟高度来适当调整）。

（3）要点：女士常采用"一字步"走姿。"一字步"走姿的要领是：行走时两脚内侧在一条直线上，两膝内侧相碰，收腰提臀，肩外展，头正颈直，微收下颌。

女士"一字步"走姿如图 6-13 所示。

图 6-13　女士"一字步"走姿

三、男士走姿的训练要领

（1）整体要求：男士步履要雄健有力，不慌不忙，展现雄姿英发、英武刚健的阳刚之美。

（2）速度：男士的步幅一般在 50 厘米左右，每分钟 108～118 步。

（3）要点：男士常采用"平行步"走姿。"平行步"走姿的要领是双脚各踏出一条直线，使之平行，步伐快而不乱。与女士通行时，男士步子应与女士保持一致。

男士"平行步"走姿如图 6-14 所示。

图 6-14　男士"平行步"走姿

四、注意事项

（1）要注意手臂的摆动，千万不能夹着手臂走动。用小臂带动大臂自然摆动。摆动手臂的时候，肩膀不要摇晃。不能把手抱在胸前或是将双手置于身后走路。

（2）走路的时候要注意抬脚，不要让脚步在地上拖拉。在工作场合，这种消沉的姿态很容易将懒散的感觉传达给同事或客户。也不能低着头或是耷拉着眼皮走路，这传递的同样不是积极的状态。身在职场要始终表现出自信、练达和对工作的热情。

（3）走路时要因场地而及时调整脚步的轻重缓急，不能把地板踩得"咚咚"作响。遇到紧急的事情，尽量不要加重脚步，可以用加快步伐频率的方法提速。

（4）女性不要岔开双腿走路，那样显得很粗鲁，走路尽量走直线。平时练习时，可以地板的接缝作为参照线，双脚落在线的两边，并不是完全踩在线上，而是用脚的内侧贴近直线即可，速度要均匀，不能走得过快。

拓展阅读

从走姿看性格

相关研究发现不同性格或不同心情的人会采用不同的步姿。

（1）走路快且双臂自然摆动的人，往往有坚定的目标。

（2）采用"大摇大摆"走姿的人，往往是自负和自满的人。

（3）"偷偷摸摸"地走，其目的在于不引起别人的注意。

（4）步伐缓慢的人，往往是"慢性子"的人。

（5）有的人走路时习惯于身体向前倾斜，甚至看上去呈"猫腰"状态，这类人性格大多较温柔且内向，不善言辞。

任务四　蹲姿训练

知 识 点

（1）蹲姿的基本要求；

（2）蹲姿的训练要领。

能力要求

通过学习能够熟练地做出标准的蹲姿动作。

一、蹲姿的基本要求

标准蹲姿的基本要求如下。

（1）下蹲拾物时，应自然、得体、大方，不遮遮掩掩。

（2）下蹲时，两腿合力支撑身体，以免滑倒。

（3）下蹲时，应使头、胸、膝关节在一个角度上，使蹲姿优美。

（4）女士无论采用哪种蹲姿，都要将腿靠紧，臀部向下。

二、女士蹲姿的训练要领

1. 交叉式蹲姿

在实际生活中常常会用到蹲姿，如集体合影时前排人员需要蹲下时，女士可采用交叉式蹲姿，具体动作要领如下。

（1）下蹲时左脚在前，右脚在后，左小腿垂直于地面，全脚着地。

（2）右膝由后面伸向左侧，右脚跟抬起，脚掌着地。

（3）两腿靠紧，合力支撑身体。

（4）臀部向下，上身稍前倾。

女士交叉式蹲姿如图 6-15 所示。

图 6-15　女士交叉式蹲姿

2. 高低式蹲姿

高低式蹲姿动作要领如下。

（1）下蹲时左脚在前，右脚稍后，两腿靠紧向下蹲。

（2）左脚全脚着地，小腿基本垂直于地面，右脚脚跟提起，脚掌着地。

（3）右膝低于左膝，右膝内侧靠于左小腿内侧，形成左膝高右膝低的姿态。

（4）臀部向下，基本上以右腿支撑身体。

女士高低式蹲姿如图 6-16 所示。

图 6-16　女士高低式蹲姿

三、男士蹲姿的训练要领

男士一般采用高低式蹲姿，动作要领如下。

（1）下蹲时左脚在前，右脚稍后，两腿靠紧向下蹲。

（2）左脚全脚着地，小腿基本垂直于地面，右脚脚跟提起，脚掌着地。

（3）右膝低于左膝，形成左膝高右膝低的姿态。

（4）臀部向下，基本上以右腿支撑身体。

男士高低式蹲姿如图 6-17 所示。

图 6-17　男士高低式蹲姿

任务五　手势训练

（1）手势的基本要求；
（2）手势的训练要领。

通过学习能够熟练地做出标准的手势动作。

一、手势的基本要求

手势作为肢体语言的一种，能直观地表达我们的情绪和态度，对语言也有一定的辅助作用。使用手势时要注意一些手势的特定含义。

手势是人们交往时不可缺少的动作，也是最有表现力的"体态语言"。俗话说："心有所思，手有所指。"手的魅力并不亚于眼睛，甚至可以说手就是人的"第二双眼睛"。

二、手势的训练要领

标准手势的基本要求如下。

左手垂下，右手五指伸直并拢，腕关节伸直，手和前臂成直线。在做动作时，右手从腹前抬起，向右摆到身体的前方，肘关节既不要成 90°，也不要完全伸直，以弯曲 140° 为宜。掌心斜向上方，手掌与地面成 45°。

手势按高度可分为三种：高位手势，表示请往高处看；中位手势，表示里边请；低位手势，表示请坐。做高位手势时，大臂要与地面平行；做中位手势时，注意小臂要与地面平行；做低位手势时，手在中位手势的基础上向下即可。

形体训练中，一般将手势分为横摆式手势、屈臂式手势、双臂横摆式手势、直臂式手势、斜臂式手势。

1. 横摆式手势

横摆式手势的动作要领如下。

（1）五指并拢，手指自然伸直，手心向上，肘微弯曲，腕与肘成一条直线。

（2）开始做手势时应将手从腹前抬起，以肘为轴轻缓地向一旁摆出，到腰部的高度且与身体正面成 45° 时停止。

（3）头部和上身微向伸出手的一侧倾斜，另一只手放在腹前或身后，目视对方，面带微笑，表现出对对方的尊重、欢迎。

（4）横摆式手势适用于引导和指示方向。

横摆式手势如图 6–18 所示。

（a）女士　　　　　　　　　　　　　　　　（b）男士

图 6–18　横摆式手势

2. 屈臂式手势

屈臂式手势的动作要领如下。

（1）手臂弯曲，由体侧向体前摆动。

（2）手臂高度在胸以下。屈臂式手势适用于请对方进门。

屈臂式手势如图 6–19 所示。

（a）女士　　　　　　　　　　　　　　　　（b）男士

图 6–19　屈臂式手势

3. 双臂横摆式手势

双臂横摆式手势的动作要领如下。

（1）两臂从身体两侧向前上方抬起。

（2）两肘微曲。

（3）向两侧摆出。

当宾客比较多时，可以将表示"请"的动作做大一些，即采用双臂横摆式手势。

双臂横摆式手势如图 6-20 所示。

（a）女士　　　　　　　　　　　　（b）男士

图 6-20　双臂横摆式手势

4. 直臂式手势

直臂式手势的动作要领如下。

（1）手臂向外侧横向摆动。

（2）手指伸直、并拢。

（3）屈肘并从身前抬起，向目标方向摆去。

（4）手臂抬至与肩同高。

直臂式手势适用于指示方向或物品的位置。

直臂式手势如图 6-21 所示。

（a）女士　　　　　　　　　　　　（b）男士

图 6-21　直臂式手势

5. 斜臂式手势

斜臂式手势的动作要领如下。

一只手屈臂向前方抬起，以肘关节为轴，前臂向上或向下摆动，

斜臂式手势如图 6-22 所示。

（a）女士

（b）男士

图 6-22　斜臂式手势

三、注意事项

1. 幅度适中

一般情况下，手势动作的幅度不要太大，但也不要"畏畏缩缩"。手势的高度上界一般不超过对方的视线；手势的高度下界不低于自己腰部；手势左右摆动的范围不要太宽。

2. 频率适中

在与客户交谈的时候，应避免指手画脚、手势过多。一般情况下，手势宜少不宜多，恰当地表达自己意思和感情即可。手势过多会给人留下装腔作势、缺乏修养的印象。

3. 避免不礼貌和不雅的手势动作

（1）与客户交谈，谈到自己时，不要用手指指自己的鼻尖，可用手掌按住自己的胸口。

（2）与客户交谈，谈到他人时，如此人在场，不能用手指着此人，更忌讳在背后对人指指点点。

（3）接待客户时，避免拨弄头发、摆弄手指、抬腕看表、掏耳朵、抠鼻孔、剔牙、咬指甲、玩饰物、拉衣服袖子等动作，这些动作看似细小，但会让人非常反感。

拓展阅读

——中外手势礼仪差异

中国人表示赞赏之意，常常翘直大拇指，其余四指蜷曲。日本人则用大拇指表示"老爷子"。在英国，翘起大拇指是拦路要求搭车的意思。在英美等国，以"V"形手势表示"胜利""成功"；在一些亚非国家，"V"形手势一般表示两件事或两个东西。

与不同的国家、地区、民族的人交往，需懂得他们的手势语言，以免闹出笑话，造成误解。

任务六　微笑训练

知 识 点

（1）微笑的基本要求；
（2）微笑的训练要领。

能力要求

通过学习能够熟练地做出标准的微笑动作。

一、微笑的基本要求

微笑要发自内心，微笑是一种脸部动作和内心的结合，内心一定要坦诚，不可以应付、假意奉承；表情要安详，不能带有情绪。微笑之所以美丽，也得体现在笑的程度上，在微笑的同时也得把握注视的时间，眼神也是无声的"微笑"。

交谈中要敢于有礼貌地正视对方，适当的微笑，以表示对对方的尊重，这也是一种坦荡、自信的表现。

二、微笑的训练要领

1. 对镜训练法

（1）站在镜前，以轻松愉快的心情调整呼吸，使呼吸自然顺畅。
（2）静心 3 s 后开始微笑。
（3）双唇轻张，嘴角微微翘起，脸部肌肉舒展开来。
（4）注意眼神的配合，形成眉目舒展的微笑面容。
对镜训练法如图 6-23 所示。

图 6-23　对镜训练法

2. 含筷法

（1）选用一根洁净、光滑的圆柱形筷子（不宜用一次性的简易木筷子，以防刺破嘴唇）。
（2）将筷子横放在嘴中，用牙轻轻咬住（含住），并观察微笑的状态。

含筷法如图 6-24 所示。

图 6-24 含筷法

3. 保持满意笑容法

挑选自己最令人满意的笑容，时常练习并保持这种微笑。

三、注意事项

（1）发自内心的微笑才是自然大方的。微笑要由眼神、眉毛、嘴巴、表情等方面的动作协调配合来完成。生硬、虚假的微笑是不可取的。

（2）在社交场合，即便心中不悦，也不能吝啬自己的笑容，更不能由于自己心情不佳而愁眉不展，从而破坏了社交场合的氛围。

（3）笑分为很多种，但是有几种笑却是失态、失礼的表现，如皮笑肉不笑的笑、不屑一顾的笑、阴阳怪气的笑、幸灾乐祸的笑等。

任务七 / 形体礼仪操训练

知识点

（1）形体礼仪操的基本要求；
（2）形体礼仪操的训练要领。

能力要求

通过学习能够熟练地做出标准的形体礼仪操动作。

一、形体礼仪操的基本要求

形体礼仪操是结合形体训练和礼仪的各种规范、姿态组合而成的训练方式，其具有易于理解，便于记忆的特点。在轻松的音乐伴奏下进行形体礼仪操训练能充分展现训练者的"精、气、神"，从而提高自身的气质形象。

塑形整理是形体礼仪操的一种，下面对其进行具体介绍，其他形体礼仪操示范可参考附录 A，平时可经常进行形体礼仪操训练。

二、塑形整理训练要领

1. 塑形整理的第一个八拍

（1）如图 6-25（a）所示，屈臂前举（2 拍）。

（2）如图 6-25（b）所示，身体右横移（1 拍）。

（3）如图 6-25（c）所示，向左回正（1 拍）。

（4）如图 6-25（d）所示，身体左横移（1 拍）。

（5）如图 6-25（e）所示，向右回正（1 拍）。

（6）如图 6-25（f）所示，自然站立（2 拍）。

（a）屈臂前举

（b）身体右横移

（c）向左回正

（d）身体左横移

（e）向右回正

（f）自然站立

图 6-25　塑形整理的第一个八拍

2. 塑形整理的第二个八拍

（1）如图 6-26（a）所示，女士左手托后脑勺，右手在体侧上举，男士取背部握指式站姿（2 拍）。

（2）如图 6-26（b）所示，做自然站姿（2 拍）。

（3）如图 6-26（c）所示，女士右手托后脑勺，左手在体侧上举，男士取背部握指式站姿（2 拍）。

（4）如图 6-26（d）所示，回自然站姿（2 拍）。

（a）女士左手托后脑勺，右手在体侧上举，
男士取背部握指式站姿

（b）自然站姿

（c）女士右手托后脑勺，左手在体侧上举，
男士取背部握指式站姿

（b）回自然站姿

图 6-26　塑形整理的第二个八拍

3. 塑形整理的第三个八拍

（1）如图 6-27（a）所示，扶帽整理（2 拍）。

（2）如图 6-27（b）所示，女士绾发髻，男士正领带（1 拍）。

（3）如图 6-27（c）所示，女士理丝巾，男士理西服扣（1 拍）。

（4）如图 6-27（d）所示，女士理马甲扣，男士理西服扣（1 拍）。

（5）如图 6-27（e）所示，整理衣边（1 拍）。

（6）如图 6-27（f）所示，自然站姿（2 拍）。

（a）扶帽整理

（b）女士绾发髻，男士正领带

图 6-27　塑形整理的第三个八拍

（c）女士理丝巾，男士理西服扣

（d）女士理马甲扣，男士理西服扣

（e）整理衣边

（f）自然站姿

图 6-27　塑形整理的第三个八拍（续）

4. 塑形整理的第四个八拍

（1）如图 6-28（a）所示，朝左站立，脸朝右扭（2 拍）。

（2）如图 6-28（b）所示，双手上举搭肩（2 拍）。

（3）如图 6-28（c）所示，双手叉腰（2 拍）。

（4）如图 6-28（d）所示，自然站姿（2 拍）。

（a）朝左站立，脸朝右扭

（b）双手上举搭肩

（c）双手叉腰

（d）自然站姿

图 6-28　塑形整理的第四个八拍

三、注意事项

1. 锻炼前的身体检查与评定

身体检查一般包括以下方面。

（1）身体形态检查。

身体形态检查旨在了解自身身体在生长发育方面需要做哪些改进，在经过一段时间的训练后，进行检查对照。

常用的身体形态测量指标：身高、体重、坐高、肩宽、腰围、臀围、上臂围、腿长等指数。

（2）身体成分检查。

身体成分检查用于检查人体脂肪含量和分布。通过测定肥胖程度，确定是否需要减肥及制订减肥运动方案。

（3）生理机能检查。

生理机能检查旨在了解目前身体各系统机能处于什么水平，为制定锻炼计划提供依据，还可以评定运动效果，检查运动后的疲劳恢复程度。

通常以测量运动前后的心率、血压和肺活量等作为评定指标。

2. 形体训练的原则

（1）形体训练应遵循循序渐进的原则。

要遵循人体发展和适应环境的基本规律，根据练习者的实际情况来确定训练计划，逐渐提高，不要急于求成。

（2）形体训练时要合理安排锻炼的时间和运动负荷。

每次 1.0～1.5 小时，每周练习 2 次以上。

准备活动要安排轻松自如、由弱到强的适度练习，一般以 10～15 分钟为宜。参加形体训练要有恰当的生理和心理负荷量。

（3）形体训练应重视全面锻炼。

全面锻炼要求身心全面发展，使身体素质及心理素质等诸方面都得到和谐的发展。在全面锻炼的基础上，有目的、有意识地加强职业实用性形体训练，效果更佳。

（4）形体训练时要讲究动作与呼吸的协调配合。

在用力时用鼻子深深地吸气，在运动还原或肌肉放松时用口充分地呼气，呼吸要深，要有节奏。练习时呼吸与动作要有节奏地协调配合。

（5）形体训练以培养良好的形态为主，应选择多样化的练习形式。

（6）要重视合理的营养和饮食结构问题。

项目实训

姿 态 训 练

【实训目标】

（1）能够通过教师讲解、小组讨论掌握相应知识和技能。

（2）加强团队合作能力训练，发挥每一个团队成员的能力，掌握小组讨论、分析、评价的方法，对讨论问题进行记录和总结，完成相关讨论。

（3）能够形成初步的独立思考能力。

（4）能够培养初步的自主学习能力。

【实训内容与要求】

第一步：由教师介绍实训的目的、方式、要求，调动学生实训的积极性。

第二步：由教师布置模拟实训题目——开展职场人士姿态（站姿、坐姿、走姿、蹲姿、手势和微笑，以及形体礼仪操）训练。

第三步：由教师介绍姿态的相关知识及训练方法。

第四步：各小组对教师布置的任务进行讨论，并记录小组成员的发言和训练情况。

第五步：根据小组讨论及训练记录撰写讨论小结。

第六步：各小组相互评议，教师点评、总结。

【实训成果与检测】

成果要求：

（1）提交讨论结果：各学习小组提交讨论记录和小结，以及训练情况的详细记录，以此作为考核成绩的依据。

（2）能够在规定的时间内完成相关的讨论与训练，团队成员撰写实训小结。

评价标准：

（1）上课时积极与教师配合，积极思考、发言。

（2）积极参加小组讨论、训练，分析问题思路要宽，能结合所学理论知识解答问题。

（3）团队成员分工合作较好。

项目七

形体素质与动作协调训练

项目导入

　　柔韧、力量、耐力等素质是职场人士身体素质发展的基本要素。

　　通过对身体肩、胸、腰、腿、胯等部位进行训练，提高身体的柔韧性和挺拔的力度，塑造优美形体，增强体质，同时为提高形体的综合素质打下良好的基础。

　　在形体素质训练中应遵循由易到难、由简单到复杂，循序渐进的原则，还应做到因材施教、持之以恒，注意培养学生吃苦耐劳、克服困难的优良品质和团结协作的精神，以提高学生的综合素质。

▶ 项目知识结构框图 ◀

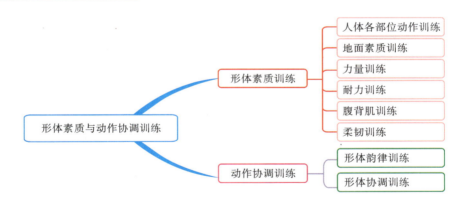

形体素质与动作协调训练
- 形体素质训练
  - 人体各部位动作训练
  - 地面素质训练
  - 力量训练
  - 耐力训练
  - 腹背肌训练
  - 柔韧训练
- 动作协调训练
  - 形体韵律训练
  - 形体协调训练

任务一　形体素质训练

知识点

（1）人体各部位动作训练；

（2）地面素质训练；

（3）力量训练；

（4）耐力训练；

（5）腹背肌训练；

（6）柔韧训练。

能力要求

能够熟练地进行人体各部位动作训练、地面素质训练、力量训练、耐力训练，以及腹背肌训练和柔韧训练。

一、人体各部位动作训练

人体各部位动作训练主要以人体各部位为一个训练体系进行规范训练。通过基本动作训练，可以增强各部位肌肉的力量，扩大关节的活动范围，提高动作的灵活性、柔韧性，同时还能促进身体的发育，预防和克服各部位的畸形发展，以形成优美的体态。

1. 头部动作

（1）头部单一动作。

① 低头：头向前低，下颌用力向下，眼看地面。

② 仰头：在抬头位置上，头向后仰起，下颌用力向上，颈部肌肉尽量向上拉长。

③ 歪头：头向左或右歪，耳朵向肩靠近，眼看"1点钟"方向。

④ 扭头：头向左或右转45°，下颌扭向肩上，眼看"9点钟"或"3点钟"方向。

⑤ 转头：头正直，向左或右转90°，使鼻尖对左肩或右肩。

⑥ 涮头：头由正前方经低头、左歪头、仰头、右歪头、低头回位，此为向左转一圈动作，也可向右转一圈。

⑦ 摇头：身体正直，头向左、右两面摇晃。

⑧ 点头：具体动作同低头，节奏比低头快，按节奏往下点头。

⑨ 移动头：身体不动，肩正直，头左右缓慢移动。

（2）头部动作组合练习。

准备姿势：正步，双手叉腰，眼平视前方。

动作要领：上身要立直，颈部要放松，动作要准确，尽量做最大幅度的动作。

2. 肩部动作

（1）肩部单一动作。

① 耸肩：肩向上抬高至最大限度，然后轻松放下。可一肩抬起称为单耸肩，也可两肩同时抬起称为双耸肩。

② 前、后推肩：一肩向前同时肘向后，一肩向后同时肘向前。两肩同时前后交替移动，练习时由慢到快，由柔到刚。

③ 前、后圆肩：两肩同时由前向后（也可由后向前）环动或交替环动练习。

④ 弹肩：具体动作同耸肩，节奏比耸肩快。

（2）肩部动作组合练习。

准备姿势：正步，双手叉腰，眼平视前方。

动作要领：做肩部动作时，肩部要放松，身体其他部位保持不动。

3. 胸部动作

（1）胸部单一动作。

① 收胸：两肩向前扣，胸部正中心开始向里缩，头稍低，双臂稍向前摆。

② 挺胸：在收胸的位置上，胸部向前挺起，两肩向后展开，抬头，双臂稍向后摆。

（2）胸部动作组合练习。

准备姿势：大八字步，双手叉腰，眼平视前方。

动作要领：做收胸动作时，上身要放松；做挺胸动作时，要保持收腹、立腰状态。

4. 腰部动作

（1）腰部单一动作。

① 前弯腰。前弯腰有两种动作。

第一种动作：正步站立，两腿伸直，两臂上举，掌心向前（以上为准备姿势）；动作时上体前屈，尽量头触膝，胸贴腿，双手可抱腿。

第二种动作：大八字步，上身正直、手臂两侧平伸（以上为准备姿势）；动作时上身向前弯腰，同时双臂向下摆至身前交叉。

② 后弯腰。后弯腰有两种动作。

第一种动作：跪立，两膝分开 25～30 cm，双手体侧下垂（以上为准备姿势）。动作时，上体后屈（头部先后仰），尽量以头触脚。然后双手按臀、按胸、按头并顺序依次回到开始的部位。

第二种动作：大八字步站立，双臂上举（以上为准备姿势）。动作时，上体后屈，从头部开始，肩、胸、腰、骨盆依次后仰，力争手指触地。然后由骨盆开始按相反顺序还原到站立姿势。

③ 旁弯腰：小八字步或大八字步直腿站立，双臂体侧下垂（以上为准备姿势）。动作时，右手上举掌心向左，骨盆向右移动，上体向左侧屈，然后还原。可做相反方向练习。

④ 涮腰：大八字步直腿站立，双臂体侧下垂（以上为准备姿势）。动作时，先做前腰，然后旁腰、后腰，另一方向旁腰环绕回原位。同时双臂随上身动作做双晃手。

（2）腰部动作组合练习。

准备姿势：大八字步，双手体侧下垂，眼平视前方。

动作要领：涮腰要在一个水平面上进行，动作要连贯、速度要均匀，手臂带动腰部进行动作。

5. 胯部动作

（1）胯部单一动作。

① 摆胯：上身保持不动，重心在左腿上，左胯向左摆动，同时右腿抬起脚跟，向左屈膝。可做相反方向练习。

② 提胯：重心放在右腿上，左脚抬起脚跟同时把左胯提起；左脚跟放下，胯回原位。可

做相反方向练习。

③ 转胯：转右胯，重心放在左腿上，右脚跟提起，右胯可顺时针方向向外转，也可逆时针方向向里转。可做相反方向练习。

（2）胯部动作组合练习。

准备姿势：正步，双手叉腰，眼平视前方。

动作要领：做胯部动作时，腰部要放松。

6. 肘部动作

① 屈肘：站大八字步，双臂弯曲于胸前，双手五指交叉，手心朝胸。

② 前屈肘：双手掌向前推出，手心向外，肘部用力伸直，然后双臂再收回。

③ 上屈肘：双手掌向上推出，手心向上，然后双臂再收回。

④ 下屈肘：双手掌向下推出，手心向下，然后双臂再收回。

⑤ 旁屈肘：身体不动，双手向左旁推出，手心向外，将右臂尽量推直，然后收回，再向右旁推出，将左臂尽量推直，然后收回。

7. 膝部动作

（1）膝部单一动作。

① 屈膝：双膝并拢向下弯曲，然后直立。随音乐节拍由慢速、中速到快速进行练习。

② 转膝：双膝弯曲，以膝为动力，由左经前向右转动一圈回原位。还可由右经前方左转动一圈回原位。

（2）膝部动作组合练习。

准备姿势：正步，双手叉腰，眼平视前方。

动作要领：膝关节要放松，身体重心可上下起伏，但不要左右晃动；要有内在的控制力，不要僵硬。

8. 脚部动作

（1）脚部单一动作。

① 双脚压脚跟：双脚跟同时提起离地，双膝直，然后落脚跟。

② 交替压脚跟：右脚全脚着地为主力腿，左脚跟提起离地，屈膝。可换左脚交替进行。

（2）脚部动作组合练习。

准备姿势：正步，双手叉腰，眼平视前方。

动作要领：交替压脚跟时蹬地要用力。

二、地面素质训练

地面素质训练是指运用坐姿或卧姿进行的动作训练。因为地面动作采用的姿态重心较低，因此较容易掌握动作要领，更有利于学习者掌握动作技能。通过地面素质训练，可以逐渐增强四肢和躯干的力量，有效培养学习者动作的软度和力度，培养动作协调性和表现力，为进一步学习舞蹈等动作奠定基础。

1. 脚部动作

准备姿态：坐地，两腿向前并拢，直膝绷脚，上身正直，收腹、挺胸、展肩，眼睛平视前方，双手在身体两侧轻轻扶地。

（1）勾、绷脚：按准备姿态坐好，双脚由脚趾开始向上勾起，经脚掌再继续勾到全脚，脚跟用力向前蹬为勾脚，然后从脚背开始向下绷起，至伸直脚趾绷全脚为止。

（2）脚腕环动：分为向外环动和向内环动。

① 向外环动：从绷脚的准备姿态开始，双脚先勾脚，然后双脚保持勾脚，分别向两旁打开，脚跟靠拢，小脚趾尽量贴地面，再原位绷脚成脚背外开状态，脚背向上转回，还原成准备姿态。

② 向内环动：从绷脚准备姿态开始，两脚绷脚分别向外转成脚背向两侧，双脚在前一位置上勾脚，然后勾脚向里转并拢，最后绷脚还原成准备姿态。

动作要点：做动作时，脚趾与脚背都要做到最大限度地勾与绷。

2. 膝部动作

准备姿态：仰卧地面，两腿直膝，绷脚并拢，两手放在身体两侧地面上。

（1）前吸、直腿：一条腿绷脚用脚趾向内划地，贴紧地面和膝盖内侧，弯膝成前吸腿，再以膝盖为轴，用脚背带动小腿向上伸直成前抬腿，然后弯膝收回成前吸腿，再用脚趾向前划地直膝回准备姿态，另一条腿保持准备姿态不动，两腿交替进行。

（2）旁吸、直腿：一条腿贴地面旁吸上划，脚趾沿着另一条腿内侧向上划至该腿膝旁成旁吸腿，再以膝盖为轴，小腿向旁伸直成旁直腿，然后旁腿收回成旁吸腿，再向下顺原路线伸直回准备姿态，另一条腿保持准备姿态不动，两腿交替进行。

动作要点：主力腿要保持伸直状态，不能屈膝或晃动，胯部要贴紧地面，两腿要尽量屈伸。吸腿时，小腿要用力向大腿靠拢，直腿时膝盖一定要挺直。

3. 胯部动作

准备姿态：仰卧地面，两腿伸直，绷脚并拢，两手放在身体两侧地面上。

（1）单吸腿开胯：一条腿先做前吸腿，保持吸腿姿态向旁打开成旁吸腿，然后再回前吸腿向下伸直，回准备姿态。也可以先从旁吸腿开始，保持吸腿状态，形成前吸腿，再经旁吸腿，向下伸直，回准备姿态。

（2）双吸腿开胯：双腿同时成前吸腿，再同时向两旁打开成旁吸腿，然后双腿回前吸腿，双腿向下伸直，回准备姿态。也可以双腿先从旁吸腿开始，保持吸腿姿态成前吸腿，再双腿打开经旁吸腿，双腿向下伸直，回准备姿态。

（3）单直腿开胯：一条腿抬起 90° 成前直腿，向旁打开成旁直腿，再抬起成前直腿落下后回准备姿态。

动作要点：单腿动作时，上身、臀部和另一条腿要贴紧地面。双腿动作时，臀部不能离开地面。

4. 腿部动作

（1）踢前腿。

准备姿态：仰卧地面。

动作：一条腿直膝，绷脚向上迅速踢起 90° 以上，然后落下。

（2）踢旁腿。

准备姿态：侧卧地面，右手放在胸前扶地，左手伸直放在头上扶地，双腿直膝绷脚，也可作反方向动作。

动作：右（左）腿绷脚直膝向旁踢起 90° 以上，再轻轻落下。

（3）踢后腿。

准备姿态：俯卧地面，两腿直膝并拢，两臂弯曲，小臂贴于地面支撑上身，挺胸，抬头。

动作：一条腿由大腿直膝绷脚用力向后上方踢起到最高点。

要求：踢腿时速度要快，落时要轻，另一条腿要紧贴地面，踢后腿时，胯尽量保持不动。

5．腰部动作

准备姿态：坐在地面，两腿向前并拢，直膝绷脚，上身正直，眼睛平视前方，双手在身体两侧轻轻扶地。

（1）前弯腰：双手由两侧向头上方抬起，两手手心、指尖相对，保持以上姿态向前弯上身，要将上身尽量贴在两腿上，然后抬起上身。

（2）旁弯腰：右手向头上方抬起，左手不动。以右手带动上身向左弯腰，然后上身起直，右手落下扶地。再做反方向动作，左、右交替进行。

（3）后弯腰：呈俯卧姿势准备状态，双手推地，上身由头、颈、肩、胸，一节一节弯曲到最大限度，然后还原成准备姿态。

（4）拧腰：上身从腰开始，保持直立姿态，向右拧身，面向"3 点钟"方向，双手在身体两侧，然后再拧向左侧。左、右交替进行。

动作要点：前弯腰和拧腰都要保持上身直立的感觉，旁弯腰和后弯腰要有一节一节弯曲和直立的感觉。

拓展阅读

形体训练的呼吸方法

1．呼吸的作用和方式

生命离不开呼吸这一不断交替的运动，呼吸直接影响生命的活力。呼吸习惯和呼吸方式既可以增加也可以减少人体的"能量"储备。

呼吸方式与我们的感情和心态有着密切的联系。例如，呼吸平稳就不会觉得焦躁不安，反过来如果呼吸急促、快慢不均，心情就很难平静。有意识地控制呼吸可以抑制情绪的波动，与姿势练习结合起来有助于动作的流畅，并能集中注意力。其实，不管在什么情况下，都可以有意识地让自己的呼吸更均匀、平稳和更深入一些，但是要记住，虽然深入呼吸能够有效增加体内能量，但并不是呼吸得越深越好。

2．呼吸练习基本要求

（1）除非有特殊情况，一般用鼻呼吸，嘴唇微闭。

（2）每次吸气和呼气都要舒缓、深入并均匀。

（3）呼气时间比吸气时间稍长，这样有利于放松，呼吸练习中常常用到这一点。

（4）练习开始和结束时都要配合呼吸，动作之间的衔接也要配合呼吸。

（5）呼吸的次数可以用来计算做某一训练动作的时间。

（6）练习时，若想加快练习速度，也要加快呼吸，但注意呼吸要配合动作之间的衔接。正确的动作要求做到正确的呼吸，这样才能保证呼吸顺畅，使横膈膜尽量运动到最大限度。在一次完整的深呼吸过程中，横膈膜的上升和下降运动会刺激淋巴系统，起到去除体内毒素的作用，有加强免疫系统的功能。

3．局部型呼吸

局部型呼吸有助于增加肺活量，同时使身体平静。局部型呼吸可以作为胸腹式呼吸的前导。局部型呼吸步骤如下：吸气至肺下部，将手指平放在肚脐两侧，两手的肘关节落在地板上，呼吸三次，让手指感觉腹部的起伏。吸气至肺上部，将手指平放在锁骨下方。吸气时，感到胸部上方轻轻升起，两肩放松，不要抬升或拉紧双肩。吸气至肺中部，将手指平放在胸腔两侧。呼吸三次，感觉吸气时胸腔向两旁扩张，呼气时放松。

4. 胸腹式呼吸

手臂平放在身体两侧，掌心向上或向下。吸气一次，先将空气吸入下腹部，然后到胸腔，最后进入胸部上方，然后呼气（放松）。

三、力量训练

力量是指机体某部分肌肉的爆发力，力量训练可分为上肢训练和下肢训练。锻炼上肢力量可选择引体向上、俯卧撑等运动，也可借助哑铃、拉力器等器械；锻炼下肢力量可选择蹲起、跳台阶、快速跑等，本书主要介绍哑铃健身操。

哑铃是一种经济方便、实用、有效的用来健身的锻炼器械，经常使用可以增加人体肌肉的力量，提高新陈代谢的水平。即使在不运动时也能多消耗能量，塑造一个不容易胖而且充满活力的体格。

1. 动作要领

第一，练习前要先选择重量合适的哑铃；第二，练习的目的是增肌，最好选择 65%～85% 负荷的哑铃；第三，练习的目的是减脂，建议练习时应做到每组 15～25 次甚至更多，每组间隔控制在 1～2 min。可以配合自己喜欢的音乐练习，或跟随音乐做哑铃健身操；第四，练习时要保持好挺胸、收腹、立腰、拔背的体态；第五，注意安全，防止出现伤害事故。

2. 注意事项

第一，训练之前要做伸展运动，但在伸展之前要热身，例如跑步 10 min 或是踩脚踏车；第二，要配合呼吸，以推举（躺着举哑铃）为例，往下把气吸足可以增加肺活量和胸廓，往上推时吐气，一般力量训练的原则是放松吸气，用力吐气；第三，一次以 8～14 下为一个标准组，先热身一组（重量为一般重量的一半），一天 3～4 组为宜，每组间隔一分钟。

四、耐力训练

从事紧张体力活动的耐久能力是人体长时间进行持续性肌肉工作的能力，即抗疲劳的能力。耐力包括两个方面，即肌肉耐力和心血管耐力。耐力的提高不仅取决于人的发育成熟度，还和负荷要求有关。合乎规律的耐力性负荷训练可使肌肉、器官、心肺、血液、免疫系统及物质代谢调节产生适应现象。

发展耐力素质的基本途径有两个：一是增强肌肉力量，进行提高肌肉耐力的训练；二是提高心肺的功能。可安排室外较长时间的走、跑、跳绳，以及爬山、游泳、滑冰和各种球类运动等。同时应注意量力而行，循序渐进，避免过度疲劳。

以下介绍几种常用的耐力训练方式。

1. 纵身跳

纵身跳动作要领及注意事项如下。

第一，单腿或双脚连续跳；第二，起跳速度要快，起跳高度要尽量高；第三，跳时身体保持挺胸、收腹、立腰、拔背的直立感，头顶上悬。

2. 原地间歇高抬腿跑

原地间歇高抬腿跑动作要领及注意事项如下。

第一，上体直，重心高，头顶上悬；第二，高抬腿到最大限度；第三，速度要快。

3. 吸、踢腿跳

吸、踢腿跳动作要领及注意事项如下。

第一，上体直，重心高，头顶上悬；第二，吸腿到最大限度；第三，踢腿伸直，脚背绷。

4. 跳绳

跳绳动作要领及注意事项如下。

第一，练习前一定要做好身体各部位的准备活动；第二，跳绳时，膝盖尽量抬高，用前脚掌起跳和落地，切记不可全脚或脚跟落地，以免脑部受到震荡；第三，当在空中跃起时，不要极度弯曲身体，应采取自然弯曲的姿势；第四，绳甩动时，手腕一定要远离身体；第五，呼吸要自然、有节奏；第六，遵守循序渐进的原则，由慢到快，由易到难，先学单人跳绳的各种动作，然后再学较复杂的多人跳绳或团体跳绳动作。

五、腹背肌训练

腹背肌训练包括以下六种训练方式。

1. 仰卧两头起

仰卧两头起有两种做法：仰卧屈膝两头起和仰卧直腿两头起。

（1）仰卧屈膝两头起是一项效果明显的运动，它在煅炼腹背肌的同时可锻炼上下腹部。仰卧在垫子上，双脚着地，腿部曲起成 45°，双手交叉放在胸前或者轻轻放在头的两侧，收缩腹部，双腿和头部同时向腹部靠拢，收紧，在双腿和头部靠得最近的时候停留大概 1 s，然后慢慢回到初始位置，在肩膀和脚着地的时候停止，注意头部不要着地。

注意事项：不要依靠惯性快速地完成动作，而应有节奏地完成动作。

（2）仰卧直腿两头起能锻炼整个腹直肌。仰卧在垫子上，头部略微抬高，双腿水平伸直，但不接触地面，双臂向头上方伸直，身体成水平的"一"字形。抬起双臂并向前伸出，同时双腿向上抬起，双手触摸小腿。在最高点稍停片刻，然后向下还原到起始姿势。

注意事项：不要屈膝；不要依靠惯性快速地完成动作。

2. 俯卧两头起

完全放松地俯卧，手臂向头部上方伸直，双腿伸直，吸气的时候手臂和腿同时向上抬离地面，稍微控制一下再慢慢呼气放松。

注意事项：这个动作不能利用爆发力来做，而要慢慢地让腹部肌肉发力带动手臂和腿上抬；此外也要注意头部不要使劲向后仰，而应跟随上半身一起抬起。

3. 仰卧起坐

仰卧起坐是一种锻炼身体的方式。仰卧，两腿并拢，两手上举，利用腹肌收缩，两臂向前摆动，迅速成坐姿，上体继续前屈，两手触脚面，低头；然后还原成坐姿，如此连续进行。

注意事项：要逐渐增加仰卧起坐反复次数。对于一位刚开始以仰卧起坐来训练腹部肌肉的训练者而言，每次仰卧起坐的次数以不超过 10 个反复为宜，每完成仰卧起坐训练后，应站起或躺下休息，让腹部肌肉能够放松 10 min 以上。慢慢进行仰卧起坐。只有慢慢进行仰卧起坐的动作，才能训练腹肌的耐力。

4. 俯卧拽腿

后弯腰时，先仰头，头再随上体向后仰；后弯腰时，大腿要紧压在地面上，双腿伸直，呼吸均匀；双手用力拽腿，用力仰头，呈最大反背弓姿态。

5. 仰卧抱腿

仰卧时双腿并拢、伸直，绷脚背；上体直立时，要保持抬头、挺胸、立腰、拔背的体态；

吸腿时要收紧，头用力上顶。

6. 仰卧顶髋

吸腿时要收紧，全脚掌着地；向上顶髋到最大限度；顶髋时，头、颈、肩着地，展腹顶髋。

六、柔韧训练

柔韧是指人体关节活动幅度的大小及韧带、肌腱、肌肉的弹性和伸展能力。柔韧训练可使全身舒展，但须持之以恒才能见到效果。柔韧性较差的人在运动时要减小动作幅度。

柔韧训练主要包括以下几种形式。

1. 压腿

压腿分为地面压腿和把杆压腿。

（1）地面压腿。

① 压前腿。

第一，直角坐，保持膝盖直、脚背绷的状态；第二，向下压时，上身如整块板向下压，用胸去贴腿，双手尽量碰脚尖；第三，向上抬时，头和脊柱保持一条直线，向上、向远延伸。

② 压旁腿。

第一，分腿坐，保持膝盖直、脚背绷的状态；第二，身体水平侧压，用肩去贴腿，手抱脚尖；第三，直立时，头和脊柱保持一条直线，向上、向远延伸。

（2）把杆压腿。

① 压前腿。

第一，双腿伸直，把杆上的腿绷脚背；第二，向下压时，上身如整块板向下压，用胸去贴腿，控制好上身姿态；第三，向上抬时，头和脊柱保持一条直线，向上、向远延伸。

② 压旁腿。

第一，双腿伸直，主力腿一位打开，把杆上的动力腿绷脚背；第二，向旁压时，双肩水平侧倒旁压，用肩去贴腿，控制立腰、拔背的姿态；第三，向上抬起时，头和脊柱保持一条直线，向上、向远延伸。

③ 压后腿。

第一，胯部正对前方，不能晃动；第二，把杆上的动力腿要膝盖直、脚背绷；第三，上身保持立腰、拔背的姿态。

2. 压胯

（1）单人练习。

第一，控制好上身立腰、拔背的体态；第二，大小腿折叠，尽量靠近身体；第三，双手用适当的力向下压，并逐渐加力下振。

（2）双人练习。

① 仰卧开胯。

第一，控制好上身立腰、拔背的体态；第二，大小腿折叠，尽量靠近身体；第三，协助者用适当的力向下压，逐渐加力下振。

② 蛙式开胯。

第一，控制好上身立腰、拔背的体态；第二，大小腿折叠，尽量靠近身体；第三，协助者用适当的力向下压，逐渐加力下振。

3. 吸、伸腿

第一，吸腿要收紧，绷脚背，脚尖点地；第二，以膝盖为轴，大腿不动，用脚面带动小腿伸直；第三，胯要正。

4. 后抬腿

第一，后抬腿时主要动力在大腿，腿拉长，膝盖直、脚背绷；第二，后抬腿时，胸、腹部不要离开地面；第三，落地时要有控制地轻放于地面。

5. 踢腿

（1）踢前腿。

第一，身体要保持正直；第二，两腿要膝盖直、脚背绷；第三，踢腿时要有速度和力度，回落要有控制；第四，主力腿不能随动力腿的动作而改变，要保持绷直伸长的状态。

（2）踢旁腿。

第一，身体要保持正直，侧卧的支撑用力点在后背，盆骨要保持正直；第二，两腿要膝盖直、脚背绷，动力腿始终转成开位；第三，主力腿要绷直伸长，保持身体的直立感；第四，踢腿时要有速度和力度，回落要有控制。

（3）踢后腿。

第一，踢腿时不要掀胯；第二，后踢腿要伸直，头略后仰，塌腰；第三，踢腿时要有速度和力度，回落时要进行力度控制。

6. 压肩

第一，面向把杆站立，两脚、两手的间距与肩同宽，双臂伸直搭在把杆上；第二，最大限度地做体前屈，挺胸、塌腰、抬头（或低头）；第三，上体向下振动；利用自身体重进行拉肩，也可两人互压肩；第四，协助者双手用适当的力下压练习者的肩背部，拉开肩关节韧带。

任务二 动作协调训练

知识点

（1）形体韵律训练；
（2）形体协调训练。

能力要求

能够熟练地进行形体韵律训练和形体协调训练。

一、形体韵律训练

通过形体动作韵律训练，掌握身体运动时的韵律要求，初步感受和体验呼吸与动作、呼吸与身体的密切关系，增强训练时自然呼吸的能力，提高身体的灵活性，不断提高动作的韵律感和美感。

1. 基本手型

（1）兰花指。

四指伸直，中指稍向下按，其余三指靠拢，虎口收紧，拇指向中指靠拢，整体感觉细长柔美，像"兰花"一样，此手形适用于女性。

（2）虎口掌。

四肢伸直，虎口张开，拇指向手心靠拢，整体感觉刚劲有力，此手形适用于男性。

2. 基本动作

（1）提沉。

此组动作能表现身体上下的韵律，其具体动作如下。

① 提：深吸气，气息由丹田提至胸腔，上升至头顶，再向上延伸。气息从腰椎一节节立起，顺序分别是腰椎—胸椎—颈椎—头顶—延伸。

② 沉：呼气，气息下沉到丹田。气息带动腰椎一节一节下压至胸，身体呈弯曲状。

（2）冲靠。

此组动作能表现身体斜移的韵律，其具体动作如下。

① 冲：腰发力，肩的外侧和胸大肌向"2 点钟"或"8 点钟"方向冲出，肩与地面保持平行，腰部侧肌拉长，头与肩的方向相反，眼睛看冲出的方向。

② 靠：腰发力，后肩和后肋带动上身向"4 点钟"或"6 点钟"方向靠，肩与地面保持平行，感觉前肋向里收，后背侧肋拉长，眼看"8 点钟"或"2 点钟"方向。

（3）含腆。

此组动作能表现身体前后的韵律，其具体动作如下。

① 含：气息下沉，过程同"沉"，但是力量要向腰椎后拉，形成低头、双肩向里合挤、含胸，腰椎成弓形的姿态。

② 腆：在含的基础上提气，在提的过程中，双肩后掰，胸向前探，抬头。

（4）横移。

此动作能表现身体水平运动的韵律，其具体动作如下。

腰发力，肩颈向左或右移动，腰肋肌肉向旁拉长，头与运动方向相反。

二、形体协调训练

通过形体动作协调训练，可以使学习者掌握身体动作配合的规律，掌握动作内部韵律的表现方法。通过组合练习，可以培养动作的控制能力，增强舞姿的美感，提高动作的表现力。

1. 基本手位和脚位

（1）基本手位。

① 山膀：手臂平抬于体侧，略低于肩，开度与胸平，手臂成弧形，略扣腕，掌心面向斜下方。

② 按掌：手按于胸前，大臂与小臂弯曲成弧形，掌心面向斜前下方，按掌的位置在胸窝处，手与胸的距离约一掌，从肩到手形成一个斜坡式弧线。

③ 端掌：动作位置同按掌，手心向上。

④ 托掌：手臂保持弧形举在头前上方，掌心面向斜上方，指尖不能超过头顶中线。

⑤ 提襟：手在体侧握虚拳，稍压腕，拳眼向前，指向胯部。手臂保持弧形，手距离胯部一拳远。

⑥ 扬掌：手臂举至头部斜后方，伸直，掌心面向斜前上方。

（2）基本脚位。

① 正步：两脚靠拢，脚尖向正前方"1 点钟"方向，重心在两脚之间。

② 八字步：两脚跟靠拢，脚尖分开，分别朝向"2 点钟"方向和"8 点钟"方向，重心在两脚之间。

③ 大八字步：在八字步的基础上，两脚分开，两脚之间相距一脚的距离，重心在两脚之间。

④ 丁字步：分为左、右方向。以左丁字步为例：左脚在前，右脚在后，左脚脚尖朝"8点钟"方向，脚跟靠在右脚脚心处，右脚脚尖朝"2点钟"方向，重心在两脚之间。

⑤ 踏步：分为左、右方向。以左踏步为例：在八字步基础上，右腿直立为主力腿，左腿向"6点钟"方向后撤，左脚掌踏地，膝盖稍弯，左腿膝盖靠在右腿膝盖后侧，重心在前腿上。

⑥ 大踏步：分为左、右方向。以右大踏步为例，在右踏步基础上，左腿屈膝半蹲为主力腿，右腿向"6点钟"方向伸直，脚尖点地，两腿大腿根内侧收紧，重心在前腿上。

⑦ 弓箭步：分为左、右方向。以右弓箭步为例：在右丁字步基础上，右脚向"3点钟"方向迈一大步，脚尖向"3点钟"方向，屈膝，小腿垂直于地面，左腿伸直，脚尖向"1点钟"方向，重心在两腿之间。

⑧ 点步：包括前点步、旁点步、后点步，每个动作分左、右方向。以右前点步为例，在右丁字步基础上，右腿向"1点钟"方向伸直，脚尖点地，重心在后腿上。

2. 手臂基本动作

（1）双山膀。

丁字步站立或踏步，动作时眼随右手拉成单山膀，然后眼随左手拉成双山膀，眼看"8点钟"方向。

（2）顺风旗。

踏步，双手左手撩到山膀位，同时右手直接向上撩至托掌位，眼随右手注视"8点钟"方向斜上方。

（3）双托掌。

丁字步站立或踏步，双手经体侧撩掌至头上托掌位，眼随右手注视"8点钟"方向斜下方。

（4）托按掌。

丁字步站立或踏步，双手交替由外向里晃手至右托按掌位，眼随右手注视"8点钟"方向上方。

（5）山膀按掌。

动作同托按掌，只是最后姿态为右山膀左按掌。

（6）斜托掌。

丁字步或小踏步，双手经体前分撩掌至顺风旗位，掌心向上，伸长手臂，眼看"8点钟"方向上方。

（7）晃手。

双手保持同肩宽，进行晃动，方向是左旁—上—右旁，带动晃手的力量在手腕上。

（8）冲掌。

丁字步站立，右手掌心向上与左手掌心相对做好准备，然后右肘后提左掌向"8点钟"方向下方推出，眼随左手注视"8点钟"方向下方。

（9）穿掌。

双山膀准备，左手经体旁由头上方落下，手心向外，右手从旁落下经端掌手心向里，指尖向上，两手在胸前交叉，左手在外向下，右手在里迅速向上穿成右托掌，左手提襟，也可按相反方向做。

（10）盘手。

盘手的做法是在托掌位，以手腕为轴，手心向上，指尖带动，向外转一圈，要有身体配合，头和身体都要一起动，眼随手走。

拓展阅读

延伸训练与形体塑造

　　外形的健美和举止的优雅，都可以通过特定的形体训练来实现。好的训练方法，能使学习者学习有关知识和技能的时间大大节省。延伸训练的教学方法，是依据形体训练中对人体姿态美的要求和标准，逐步在教学实践的基础上建立起来，并不断得到深化、提高和完善的，其对人体优美姿态的塑造非常有效。

　　1. 人的优美姿态呈现取决于身体部位的延伸

　　延伸就其本意而言，就是一种舒展和拉伸，即把原本的长度有意识地拉长扩展。延伸训练是通过特定的训练方法，使人体肌肉、部位、动作或意识等得到有效的舒展延长，以锻炼体魄和塑造人体美。显然，从定义上看，延伸训练与舒展延长必然存在特定的关系。

　　一个人不管是处于静止状态还是活动状态，所表现出来的身体姿势美和举止美都是一种延伸美。

　　生活中有的人站、坐、走之所以能带给人美感，关键在于姿态上给人一种由内而外的挺拔感，使人体线条更加修长，更加柔美。在形体站立姿态练习中，有的教师提醒学生做动作，要求肩部下沉，突出胸部和颈部的美好线条，腿部收紧，腰部直立，感觉像一位公主，整个人感觉长高了几厘米，姿态挺拔，仪态端庄。由此可见，优美姿态的来源，在于身体的"挺、直、高"。挺就是身体各主要部位尽量地舒展；直就是腰直、膝直，不能弯曲，高就是站立时身体重心要尽量提高，身体重心提高常常使人有种健康而精神的感觉，而身体重心过低常常使人有种"老弱病残的"感觉。时下，形体芭蕾能成为许多女性热衷的塑形运动，就是因为形体芭蕾不仅能使人变得身姿优美挺拔，而且更能培养人高雅的气质。经过训练的人都能体会到，练习形体芭蕾后都会感觉身体舒展，精神抖擞，感觉自己长高了。所以在一些女性的心目中，芭蕾是训练优美姿态的最好方法。其实这种认识也不为过，是有据可依的。

　　芭蕾形体之所以在女性心目中有这么大的魅力，主要在于它能造就人的一种高贵端庄的特殊之美。所有的芭蕾身体部位动作都建立在开、绷、直、立的基础上，突出表现人体最大限度地向 4 个外部空间伸展的能力。开是由于髋关节的打开，舒展了人体下肢的线条，增强了人体下肢部位的美感；绷是由于脚腕伸展，脚背上拱，脚心下窝，脚趾并拢向远、向下无限伸展，增强了人体腿部线条的美感；直是由于人体重心的垂直延伸，增强了人体上体部位的美感；立是由于人体各关节、肌肉向上提起，像是人体受外力作用向上拉起，可以就地腾起，形成一种提升的感觉，增强了人体整体美感。由此可见，芭蕾形体能呈现人体与众不同的优美姿态，主要是由于身体各部位的延伸配合。

　　2. 延伸训练能提高身体的柔韧性

　　延伸训练分主动延伸训练和被动延伸训练两种。主动延伸训练就是依靠自身积极运动，主动使身体各部位肌肉和韧带或动作线条向远伸展的训练。被动延伸训练就是依靠外力（被动力）的作用，使身体肌肉和韧带或动作线条拉长的训练。不管是主动的还是被动的，两者都跟肌肉和韧带拉伸有着紧密的关系。

柔韧是形体美的关键所在，尤其对女性而言更为重要，有一定的柔韧性会使你的形体更加优雅动人，优美体态必然建立在身体一定的柔韧度上，柔韧性差的人，自然会影响身体的动作，甚至还会限制人的灵敏、协调等能力。

3. 延伸训练能强化人的表现力

人体优美的姿态离不开身体肌肉动作的物理延伸和人体内在的感觉延伸，也就是意识感知延伸。为什么有时候人体动作延长拉伸时，没有给人造成美的感觉？这就是缺乏人体意识感知延伸，要真正达到人体姿态的优美必须突破这一关，这是延伸训练的难点，同时也是形体训练培养人体美的核心所在，因此，形体训练中的延伸训练，并不是想象中简单的拉伸延长，而是包括更深层次的内在的延伸，由心而发的一种感觉延伸，也是具备一定的精神气度的延伸。

实训分析　　　　　　　　形体素质与协调的训练

【实训目标】
（1）能够通过教师讲解、案例讨论掌握相应知识和技能。
（2）加强团队合作能力训练，发挥每一个团队成员的能力，掌握小组讨论、训练、分析、评价的方法，并对讨论问题进行记录和总结，完成相关讨论。
（3）能够形成初步的独立思考能力。
（4）能够培养初步的自主学习能力。

【实训内容与要求】
第一步：由教师介绍实训的目的、方式、要求，调动学生实训的积极性。
第二步：由教师布置模拟实训题目——形体素质与协调的训练。
第三步：由教师介绍形体素质与协调训练的相关知识。
第四步：各小组对教师布置的任务进行讨论和训练，并记录小组成员的发言，录制相关训练视频。
第五步：根据小组讨论记录及训练视频撰写讨论小结。
第六步：各小组相互评议，教师点评、总结。

【实训成果与检测】
成果要求：
（1）提交讨论记录与视频，作为考核成绩的依据。
（2）能够在规定的时间内完成相关的讨论，团队成员合作撰写实训小结。
评价标准：
（1）上课时积极与教师配合，积极思考、发言。
（2）积极参加小组讨论、训练，分析问题思路要宽，能结合所学理论知识解答问题。
（3）团队成员分工合作较好。

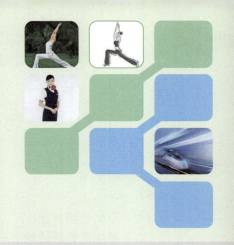

项目八

形体训练进阶

项目导入

　　本项目在形体基本训练动作的基础上对形体芭蕾、健美操、瑜伽和趣味双人舞进行综合介绍，进一步塑造职场人士优美的体态，培养高雅的气质，纠正生活中不正确的姿态。学习者通过不同舞种的学习与练习，在优美的音乐中能达到收腰、健胸、美腿的目的，并可修身养性，增强气质、风度、仪表，加强对形体美的认识。无论是形体芭蕾还是健美操、瑜伽，都有所谓的肢体感觉和肢体语言，二者结合在一起就是形体舞蹈。形体舞蹈动作并非十分复杂，但在练习中要注意肢体的线条美感，重在培养气质，给人一种高雅、舒服、有活力的感觉。

项目知识结构框图

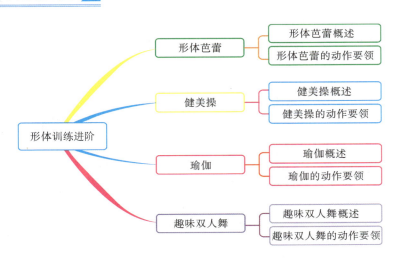

形体训练进阶
- 形体芭蕾
  - 形体芭蕾概述
  - 形体芭蕾的动作要领
- 健美操
  - 健美操概述
  - 健美操的动作要领
- 瑜伽
  - 瑜伽概述
  - 瑜伽的动作要领
- 趣味双人舞
  - 趣味双人舞概述
  - 趣味双人舞的动作要领

任务一 形体芭蕾

（1）形体芭蕾概述；
（2）形体芭蕾的动作要领。

完成形体芭蕾基本动作。

一、形体芭蕾概述

形体芭蕾是一种芭蕾形式。芭蕾起源于意大利，兴盛于法国，"芭蕾"一词本是法语"ballet"的音译，而它的词源则是意大利语"balletto"，意为"跳"或"跳舞"。

芭蕾最初是欧洲的一种群众自娱或在广场表演的舞蹈，在发展进程中形成了严格的规范和结构形式，其主要特征是女舞者要穿上特制的足尖鞋立起脚尖跳舞。形体芭蕾是由芭蕾延伸而来的。作为健身方式的芭蕾，习惯上称为形体芭蕾。专业的芭蕾训练是很枯燥的，而形体芭蕾则以健身为目的，难度较低，它不要求腿踢多直，脚抬多高，动作多么规范，只是教会你如何把芭蕾特有的那种优雅内涵融入自己的生活方式中。从运动学角度讲，芭蕾的"开、蹦、直"三要素具有收缩肌肉纤维的功能，在动静结合的运动中能有效地消耗多余脂肪，使人训练后身材变得更修长。因此虽然练习形体芭蕾也有体力上的消耗，也是在做运动，但它的动作更强调肌肉的耐力、身体的柔韧性，运动强度不是很大，一般人都能接受。

对于一位初学者而言，形体芭蕾的入门课程一般着重于提高学员的基本素质并调整他们的形体姿态。在简单热身后开始基本素质的训练，先从压腿开始。压腿其实并不只是为了舞姿的优美，而是它在健身方面还有许多好处，例如：它可以促进血液循环，可以减轻肌肉的疲劳感，可以塑造肌肉的线条，等等。压腿属于静力拉伸，每次压过之后，还要进行动力拉伸（踢腿）的练习。由于踢腿是比较剧烈的动作，所以还有提高力量和减肥的效果。

芭蕾的站立姿态是一个很简单的动作，要求肩部下沉，以突出胸部和颈部的美好线条；要求腿部收紧，腰部直立，以使姿态挺拔、仪态端庄。一些人的不良习惯给形体造成了伤害，例如：很多人喜欢长时间用一侧肩膀背包，结果使两个肩膀发展得不平衡（一肩高一肩低）；再如，很多人错误理解"抬头挺胸"的动作，做成了"塌腰撅臀"，结果使得腰肌软弱无力、腹部日渐突起，而且错误用力极可能导致腰部过早老化。芭蕾的站姿能让你感觉长高了几厘米，可以让你的体态看上去更柔美。教练会在你练习的时候嘱咐你：想象自己是一位公主，很清高，很美丽……通过这样的"内外兼修"，形体与气质都练就出来了。

二、形体芭蕾的动作要领

1. 芭蕾手位和脚位训练

手的位置从一位到七位，两手臂始终要保持椭圆形，注意不要让手腕和肘关节下塌，手的七个位置的运动路线要规范。手的七个位置要与头、手、身体各部位协调配合，要体会手位中的内在力量，尤其是后背肌群在动作中起到的平稳、稳定的作用，要运用手的表现能力传情达意。

　　脚位的开度要保持从大腿根、膝盖、脚腕到脚尖的上下一致。如果胯部不开，脚位可以站大八字或小八字，切忌某个局部开，某个局部关，造成上下扭曲而损伤。五位和三位站立要保持胯部正，不要因为某只脚在前，而一边的胯歪向前。胯不正是因为在前五位或前三位的脚没有伸直而造成的，所以五位和三位站立不但要伸直两膝，而且要夹紧大腿。

　　1）手的位置

　　手形：手自然放松，中指、无名指和小指并拢，食指外开，拇指自然放松。

　　一位（手）：如图8-1所示，从肩到手指尖在身体前呈椭圆形，手心朝上，两手相距约一只拳头左右，小指边离大腿约二寸距离。

　　二位（手）：保持一位手状态，两手臂向上抬至手心与胃部平行。

　　三位（手）：如图8-2所示，保持二位手状态，两手臂向上抬至头顶斜上方。

　　四位（手）：如图8-3所示，一只手臂保留在三位，另一只手臂从三位回至二位。

　　五位（手）：如图8-4所示，三位手臂保持不动，二位手臂向旁打开。

图8-1　一位（手）

图8-2　三位（手）

图8-3　四位（手）

　　六位（手）：如图8-5所示，打开到旁的手不动，三位手下到二位。

　　七位（手）：如图8-6所示，打开到旁的手仍不动，二位手打开到旁呈七位。

图8-4　五位（手）

图8-5　六位（手）

图8-6　七位（手）

2）脚的位置

一位（脚）：如图 8-7 所示，两脚脚后跟相靠，两脚脚尖向外打开呈八字形。

二位（脚）：如图 8-8 所示，在一位的基础上，两脚脚后跟分开，相距约一只脚的距离。

三位（脚）：如图 8-9 所示，保持在二位的基础上，一只脚的脚后跟向另一只脚的脚心靠拢。

 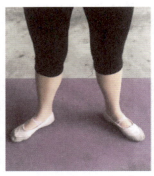 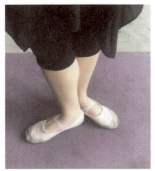

图 8-7　一位（脚）　　　　图 8-8　二位（脚）　　　　图 8-9　三位（脚）

四位（脚）：如图 8-10 所示，保持两脚尖外开状，一只脚在另一只脚的正前方或正后方，形成两条平行线。

五位（脚）：如图 8-11 所示，在四位的基础上，两脚进行合拢并最终并紧。

 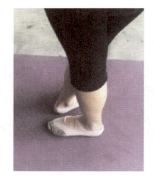

图 8-10　四位（脚）　　　　图 8-11　四位向五位运动过程中（脚）

2．擦地训练

1）五位（脚）擦地

擦地绷脚可以在一位和五位脚的位置上向前、向旁、向后方向做。擦地训练的主要动作是擦地绷脚背，立脚趾，整条腿向远处、向下延伸，伸展整条腿的肌肉，然后收回。通过擦出、收回的不断运动来锻炼腿部力量，尤其是踝关节和脚趾的力量。

（1）向前擦地。

五位脚站立，准备向前擦地时，一条腿支撑并固定好重心，另一条腿保持与支撑腿平行的状态，沿着地面向前擦出，同时脚跟渐渐离地抬起脚背，在动作腿不影响支撑腿重心的情况下，尽可能向远处伸展，脚掌点地，将脚背抬至最高点。然后再将脚趾向远处伸展立起，用脚趾尖轻轻点地后，再一次收回原位。

（2）向旁擦地。

一条腿支撑并固定好重心，另一条腿向旁沿地面擦出，同时脚跟渐渐离地抬起脚背，在不影响支撑腿重心的情况下，动作腿尽可能向远处伸展，脚掌点地，将脚背抬至最高点。然后再将脚趾向远伸展立起，用脚趾轻轻点地后再依次收回原位。

（3）向后擦地。

一条腿支撑并固定好重心，另一条腿保持与支撑腿平行状态沿地面向后擦出，同时脚跟渐渐离地抬起脚背，在不影响支撑腿重心的情况下，动作腿尽可能向远伸展，脚掌点地，将脚背抬至最高点。然后再将脚趾向远伸展立起，用脚的大趾外侧点地，然后依次再收回原位。

2）擦地组合练习

共 4 个 8 拍，每次练习动作重复两遍，每次播放的音乐为 8 个 8 拍，左脚为主力脚，右脚为动力脚。

（1）预备拍。

【1～4 拍】如图 8-12 所示，五位脚站立，左手扶把，准备向前擦地。

【5、6 拍】如图 8-13 所示，右手由一位抬至二位。

【7、8 拍】如图 8-14 所示，右手从二位至七位。

图 8-12　擦地组合练习 1　　　图 8-13　擦地组合练习 2　　　图 8-14　擦地组合练习 3

（2）第 1 个 8 拍。

如图 8-15 所示，第二拍出脚。

【1、2 拍】如图 8-16 和图 8-17 所示，右脚 1 拍收回至五位脚，2 拍擦出。

【3、4 拍】右脚 3 拍收回至五位脚，4 拍擦出。

【5～7 拍】重复 3、4 拍的动作。

【8 拍】如图 8-18 所示，左脚向后擦出。

图 8-15　擦地组合练习 4　　　图 8-16　擦地组合练习 5

图 8-17　擦地组合练习 6

图 8-18　擦地组合练习 7

（3）第 2 个 8 拍。

【1、2 拍】如图 8-19 和图 8-20 所示，左脚 1 拍收回，2 拍擦出。

图 8-19　擦地组合练习 8

图 8-20　擦地组合练习 9

【3、4 拍】左脚 3 拍收回，4 拍擦出。

【5、6 拍】左脚 5 拍收回，6 拍擦出。

【7、8 拍】如图 8-21 所示，左脚 7 拍收回，右脚 8 拍向旁擦出。

图 8-21　擦地组合练习 10

（4）第 3 个 8 拍。

【1、2 拍】如图 8-22 和图 8-23 所示，右脚 1 拍收回，2 拍擦出。

图 8-22　擦地组合练习 11

图 8-23　擦地组合练习 12

【3、4 拍】右脚 3 拍收回，4 拍擦出。

【5、6 拍】右脚 5 拍收回，6 拍擦出。

【7、8 拍】如图 8-24 所示，右脚 7 拍收回，8 拍收至五位脚。

图 8-24　擦地组合练习 13

（5）第 4 个 8 拍。

【1、2 拍】如图 8-25 所示，右脚向旁擦出。

【3、4 拍】如图 8-26 和图 8-27 所示，动力腿压脚跟。

【5、6 拍】重复 3、4 拍动作。

【7、8 拍】如图 8-28 所示，动力腿收到主力腿前面，呈五位脚，左脚在后，右脚在前。

图 8-25　擦地组合练习 14

图 8-26　擦地组合练习 15

图 8-27　擦地组合练习 16　　　　　图 8-28　擦地组合练习 17

3. 蹲的训练

1）蹲的做法

蹲分半蹲和全蹲。蹲主要是通过膝关节在不同的脚位上做各种不同节奏的快和慢的半蹲和全蹲，来锻炼膝关节的柔韧性和腿部的肌肉。蹲是形体训练中重要的环节，通过蹲的训练能使训练者轻松地腾空而起，轻盈落地，屈伸有力，富有弹性。

（1）半蹲的做法。

一位脚站立，保持人体的基本形态，两膝逐渐下蹲，蹲到脚腕与脚背有挤压感，跟腱（即脚跟与小腿之间一条很粗壮结实的肌腱）略有一点紧张的位置为半蹲。

（2）全蹲的做法。

在半蹲的基础上，继续往下蹲，脚跟可以略微抬起一点，蹲到底，臀部不能坐在脚后跟上，保持开度和后背挺直。起来时，先落下脚跟，再慢慢站起来。

2）蹲组合练习

共 8 个 8 拍，左脚为主力脚，右脚为动力脚。

（1）预备拍。

【1～4 拍】如图 8-29 和图 8-30 所示，一位脚站立，左手扶把，右手向旁边出手，呼吸，再收回一位手准备。

【5、6 拍】如图 8-31 所示，右手由一位抬至二位，眼随着动力手走。

【7、8 拍】如图 8-32 所示，右手从二位至七位，眼随着动力手走。

图 8-29　蹲组合练习 1　图 8-30　蹲组合练习 2　图 8-31　蹲组合练习 3　图 8-32　蹲组合练习 4

（2）第 1 个 8 拍。

【1～4 拍】如图 8-33 所示，二位脚半蹲，同时右手由七位收回至一位。

【5～8 拍】如图 8-34 和图 8-35 所示，慢慢由二位脚半蹲提起还原，同时右手由二位打开至七位。

　　（3）第 2 个 8 拍。

　　【1～4 拍】重复图 8-34 和图 8-35 所示的动作。

　　【5、6 拍】如图 8-33 所示，二位脚半蹲，同时右手由七位收回至一位。

　　【7、8 拍】如图 8-36 所示，由二位脚半蹲提起还原，再向旁擦出右脚，同时右手由二位打开至七位。

图 8-33　蹲组合练习 5

图 8-34　蹲组合练习 6

图 8-35　蹲组合练习 7

图 8-36　蹲组合练习 8

　　（4）第 3 个 8 拍。

　　【1～4 拍】如图 8-37 和图 8-38 所示，二位脚半蹲，同时右手由七位收回至一位。

　　【5～8 拍】如图 8-39 和图 8-40 所示，慢慢由二位脚半蹲提起还原，同时右手由二位打开至七位。

图 8-37　蹲组合练习 9

图 8-38　蹲组合练习 10

（5）第 4 个 8 拍。

【1～4 拍】如图 8-39 和图 8-40 所示，重复第 3 个 8 拍的 5 至 8 拍动作。

【5、6 拍】如图 8-37 和图 8-38 所示，二位脚半蹲，同时右手由七位收回至一位。

【7、8 拍】如图 8-39 和图 8-40 所示，由二位脚半蹲提起还原，同时右手由二位打开至七位。

图 8-39　蹲组合练习 11

图 8-40　蹲组合练习 12

（6）第 5 个 8 拍。

【1、2 拍】如图 8-41 所示，在二位手的基础上，向旁摊手。

【3、4 拍】如图 8-42 所示，右手到三位手向左下旁腰。

【5～8 拍】如图 8-43 和图 8-44 所示，动力脚由二位划向五位，右手由二位划向七位。

图 8-41　蹲组合练习 13

图 8-42　蹲组合练习 14

图 8-43　蹲组合练习 15

图 8-44　蹲组合练习 16

（7）第 6 个 8 拍。

【1～4 拍】如图 8-45 所示，五位脚半蹲，手由七位回到一位。

【5～8拍】如图8-46所示，起身，手由二位回到七位。

图 8-45　蹲组合练习 17　　　　　　图 8-46　蹲组合练习 18

（8）第 7 个 8 拍。

【1～4拍】五位脚半蹲，起身，同时右手由二位收回至七位。

【5～8拍】重复以上动作。

（9）第 8 个 8 拍。

【1～4拍】如图8-47所示，五位脚，半脚尖立，手在三位手的位置。

【5～8拍】如图8-48所示，结束时，五位脚站立，呼吸，右手收回至一位。

图 8-47　蹲组合练习 19　　　　　　图 8-48　蹲组合练习 20

4. 踢腿训练

1）五位脚小踢腿

小踢腿是在擦地动作的基础上向空中有控制地踢起，其特点是急速、有爆发力，比擦地动作速度快、力度大，可以锻炼腿部肌肉，加快动作的速度，提高控制力。

五位脚向前擦地，脚背与地成 25°，落地经脚尖点地收回，小踢腿向旁和小踢腿向后与擦地动作不同，在不同方向点地的基础上，再向远延伸踢出，脚背与地成 25° 时停住。

2）踢腿组合练习

踢腿组合练习共 2 个 8 拍，每次练习动作重复两遍，每次音乐为 2 个 8 拍，左脚为主力脚，右脚为动力脚。

（1）第 1 个 8 拍。

【1～4拍】如图8-49所示，五位脚站立，左手扶把。

【5～7拍】如图8-50和图8-51所示，右手由一位抬至二位再打开到七位。

【8拍】如图8-52所示，右脚向前踢腿至脚背与地成 25°，右手由二位打开到七位。

图 8-49　踢腿组合练习 1　图 8-50　踢腿组合练习 2　图 8-51　踢腿组合练习 3　图 8-52　踢腿组合练习 4

（2）第 2 个 8 拍。

【1～6 拍】如图 8-53 和图 8-54 所示，右腿向前小踢腿三次。

【7 拍】如图 8-55 所示，右脚收回。

【8 拍】如图 8-56 所示，左脚向后踢腿至脚背与地成 25°，手处于七位不动。

图 8-53　踢腿组合练习 5　图 8-54　踢腿组合练习 6　图 8-55　踢腿组合练习 7　图 8-56　踢腿组合练习 8

任务二　健美操

知识点

（1）健美操概述；
（2）健美操的动作要领。

能力要求

完成健美操基本动作。

一、健美操概述

健美操是一项深受广大群众喜爱的、普及性极高的，集体操、舞蹈、音乐、健身、娱乐于一体的体育项目。健美操大量吸收了迪斯科舞、爵士舞、霹雳舞中的上下肢、躯干、头颈和足踩动作，特别是髋部动作，这些动作给健美操增添了活力，同时也有利于减少臀部和腹部脂肪的堆积，有利于改善动作的协调性和灵活性。

健美操是一种有氧运动，其是持续一定时间的、中低程度的全身运动，主要锻炼练习者的心肺功能。跳健美操有诸多好处，其不仅能强身健体，而且还有减肥的功效，这种运动减肥方法集健美和健身于一体，特别适合女性，受到人们的喜爱。

竞技健美操竞赛项目包括集体操、有氧舞蹈、有氧踏板、啦啦操等。

随着人民生活水平的不断提高，健美操所特有的保健、医疗、健身、健美、娱乐的实用价值受到越来越多的人的重视。吸引了不同年龄的爱好者参与，形成了一定规模的消费群体。各级电视台纷纷制作以健美操竞赛、普及为内容的专题节目。

健美操训练注意事项如下。

（1）做好热身和适当的伸展运动。

天冷时，热身时间要长。初学者以每周进行两三次健美操训练为宜，且应隔日进行。然后可适当增加次数，直到自己感觉适量为止，绝对不要勉强。

（2）注意着装和脚步护理。

进行健美操训练时，应穿合身、透汗的服装，要及时更换汗湿的衣服，避免着凉。不要赤脚穿普通皮鞋。健身鞋应有较厚的护垫，以减缓足部与地面撞击而造成的震荡，鞋不宜太软，可采用半高筒式，以保护脚踝。要留心自己的脚部，常修剪脚趾甲，保持脚部皮肤干燥。

（3）练习时符合动作要求。

进行健美操动作练习时，肩部要放松，头部绕环时尽量幅度大一些，含胸展胸动作要充分，要有一定的幅度，速度要稍微慢一些。腰的转动不宜太快，动作幅度要大而缓。

二、健美操的动作要领

1. 头颈动作训练

（1）预备姿势：双脚分开站好，双手叉腰，头向前看。

（2）第 1 个 8 拍：如图 8-57 所示，1～4 拍头部向前屈两次；如图 8-58 所示，5～8 拍头部向后屈两次。

（3）第 2 个 8 拍：如图 8-59 所示，1～4 拍头部向左侧屈两次；如图 8-60 所示，5～8 拍头部向右侧屈两次。

图 8-57 头颈动作 1　　图 8-58 头颈动作 2　　图 8-59 头颈动作 3　　图 8-60 头颈动作 4

（4）第 3 个 8 拍：如图 8-61 所示，1～4 拍双手交叉提至胸前，头向下低；如图 8-62 所示，5～8 拍双手交叉，手掌朝外向前推，身体向前趴。

（5）第 4 个 8 拍：如图 8-63 所示，1～4 拍双手继续交叉手掌朝外向上推，抬头向上看；如图 8-64 所示，5～8 拍身体向下，双臂向两边斜上方打开。

图 8-61　头颈动作 5　　　图 8-62　头颈动作 6　　　图 8-63　头颈动作 7　　　图 8-64　头颈动作 8

（6）第 5 个 8 拍：如图 8-65 所示，1～4 拍身体向下，双臂向两边斜下方打开；如图 8-66 所示，5～8 拍身体站直，双手环抱身体，低头。

（7）第 6 个 8 拍：如图 8-67 所示，1～4 拍身体向下，头向上看，用右手去抓左脚，左手向上；如图 8-68 所示，5～8 拍身体向下，头向上看，用左手去抓右脚，右手向上。

图 8-65　头颈动作 9　　　图 8-66　头颈动作 10　　　图 8-67　头颈动作 11　　　图 8-68　头颈动作 12

（8）第 7 个 8 拍：如图 8-69 所示，1～4 拍左脚向斜前方迈出，双手握拳在胯两旁，头向前看；如图 8-70 所示，5～8 拍右脚向斜前方迈出，双手握拳在胯两旁，头向前看。

（9）第 8 个 8 拍：如图 8-71 所示，1～4 拍右腿弯，左脚向旁上步，右手向旁边伸平，左手向上；如图 8-72 所示，5～8 拍右腿弯曲向前迈，后腿伸直，双手握拳在右跨前。

图 8-69　头颈动作 13　　　图 8-70　头颈动作 14　　　图 8-71　头颈动作 15　　　图 8-72　头颈动作 16

2. 肩臂动作训练

（1）第 1 个 8 拍：如图 8-73 所示，1～4 拍左腿弯曲向后迈步，右腿伸直，身体朝后双手举过头项；如图 8-74 所示，5～8 拍左脚向旁迈步，双臂弯回在胸前，头向左边看。

（2）第2个8拍：如图8-75所示，1～4拍向左转身右脚上步，双臂弯回在胸前，头向右看；如图8-76所示，5～8拍向右转身吸左腿，双手在胸前击掌。

图8-73　肩臂动作1　　图8-74　肩臂动作2　　图8-75　肩臂动作3　　图8-76　肩臂动作4

（3）第3个8拍：如图8-77所示，1～4拍左脚向旁迈步蹲在二位上，双手握拳举过头顶；如图8-78所示，5～8拍双脚跳起同时向里收回正步，双手收回身体两侧。

（4）第4个8拍：如图8-79所示，1～4拍右脚向旁迈步，左手到右斜下，右手在体后；如图8-80所示，5～8拍右脚收回正步，双臂交叉在体前，低头。

图8-77　肩臂动作5　　图8-78　肩臂动作6　　图8-79　肩臂动作7　　图8-80　肩臂动作8

（5）第5个8拍：如图8-81所示，1～4拍右脚向旁点地，双手举过头顶；如图8-82所示，5～8拍右脚收回正步，双臂弯回到胸前。

（6）第6个8拍：如图8-83所示，1～4拍右脚向后迈，左腿弯，双手握拳，右手向前，左手向旁；如图8-84所示，5～8拍右脚收回正步，双臂弯回到胸前。

图8-81　肩臂动作9　　图8-82　肩臂动作10　　图8-83　肩臂动作11　　图8-84　肩臂动作12

（7）第7个8拍：如图8-85所示，1～4拍左脚向后迈，右腿弯，双手握拳，左手向前，右手向旁；如图8-86所示，5～8拍左脚经跳收回正步，双手在身体两侧。

（8）第8个8拍：如图8-87所示，1～4拍右脚向旁踢，高度在45°左右，左手在右胯前，右手抱头；如图8-88所示，5～8拍右脚伸直向后迈，左腿弯，右手向斜下出手，左手在左胯旁。

图8-85　肩臂动作13　　图8-86　肩臂动作14　　图8-87　肩臂动作15　　图8-88　肩臂动作16

3. 膝腿动作训练

（1）第1个8拍：如图8-89所示，1～4拍脚二位身体朝前，左手叉腰，右手举过头顶；如图8-90所示，5～8拍双腿蹲，双手握拳在头顶交叉，头向左侧倒。

（2）第2个8拍：如图8-91所示，1～4拍双脚正步站好，双手在身体两侧；如图8-92所示，5～8拍左脚向侧边迈，双手握拳，头向左侧看。

图8-89　膝腿动作1　　图8-90　膝腿动作2　　图8-91　膝腿动作3　　图8-92　膝腿动作4

（3）第3个8拍：如图8-93所示，1～4拍在正步的基础上左腿伸直，右腿弯；如图8-94所示，5～8拍左脚向侧边迈，双手向两边打开，头向左侧看。

（4）第4个8拍：如图8-95所示，1～4拍右脚收回到正步踮脚，左手向前右手向后；如图8-96所示，5～8拍左脚迈步，后腿伸直，左手向旁边打开，右手在胯旁，头向左侧看；之后收回正步，双手在体旁两侧。

（5）第5个8拍：如图8-97所示，1～4拍正步站好，身体朝前；如图8-98所示，5～8拍右脚向后迈，左腿弯，双臂弯曲在胸前。

（6）第6个8拍：如图8-99所示，1～4拍左腿向旁伸直绷脚，右腿弯，双臂弯曲在两旁；如图8-100所示，5～8拍左脚收回，正步，左手叉腰，右手到左胯前。

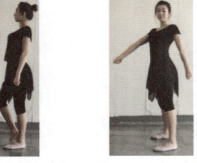

图 8-93　膝腿动作 5　　图 8-94　膝腿动作 6　　图 8-95　膝腿动作 7　　图 8-96　膝腿动作 8

图 8-97　膝腿动作 9　　图 8-98　膝腿动作 10　　图 8-99　膝腿动作 11　　图 8-100　膝腿动作 12

（7）第 7 个 8 拍：如图 8-101 所示，1～4 拍正步站好，左手叉腰，右手向斜上举过头顶；如图 8-102 所示，5～8 拍右手经头顶划一圈。

（8）第 8 个 8 拍：如图 8-103 所示，1～4 拍右手划一圈回来，双手到头顶击掌；如图 8-104 所示，5～8 拍右脚到后，双臂打开举过头顶。

图 8-101　膝腿动作 13　　图 8-102　膝腿动作 14　　图 8-103　膝腿动作 15　　图 8-104　膝腿动作 16

4. 腰背动作训练

（1）第 1 个 8 拍：如图 8-105 所示，1～4 拍收回正步，双臂弯曲到胸前；如图 8-106 所示，5～8 拍右脚向前迈，左腿弯曲，双手打开在两旁。

（2）第 2 个 8 拍：如图 8-107 所示，1～4 拍正步站好，身体朝前；如图 8-108 所示，5～8 拍右臂弯曲，左臂不动。

图 8-105　腰背动作 1　　图 8-106　腰背动作 2　　图 8-107　腰背动作 3　　图 8-108　腰背动作 4

（3）第 3 个 8 拍：如图 8-109 所示，1～4 拍左臂弯曲，5～8 拍左臂保持不动，右臂弯曲。

（4）第 4 个 8 拍：如图 8-110 所示，双臂举过头顶；如图 8-111 所示，5～8 拍左腿向旁迈步，二位蹲住，双手握拳，左手向前，右手向旁。

（5）第 5 个 8 拍：如图 8-112 所示，1～4 拍正步站好，双手在身体两旁。5～8 拍右脚向旁迈步二位蹲住，右手向前左手向旁伸直。

图 8-109　腰背动作 5　　图 8-110　腰背动作 6　　图 8-111　腰背动作 7　　图 8-112　腰背动作 8

（6）第 6 个 8 拍：如图 8-113 所示，1～4 拍右脚收回到正步；如图 8-114 所示，5～8 拍双脚二位站好，双臂交叉双手握拳。

（7）第 7 个 8 拍：如图 8-115 所示，1～4 拍正步站好，左脚脚掌点地，双手握拳，双臂平举；如图 8-116 所示，5～8 拍右脚点地，双手在头顶击掌，头往右侧看。

图 8-113　腰背动作 9　　图 8-114　腰背动作 10　　图 8-115　腰背动作 11　　图 8-116　腰背动作 12

（8）第 8 个 8 拍：如图 8-117 所示，1～4 拍右脚向旁迈成二位脚，上身向前成 90°，右手叉腰，左手五指张开接触地面；如图 8-118 所示，5～8 拍右脚收回，正步面朝前，双手握拳在身体两旁。

图 8-117　腰背动作 13　　　　　　　　图 8-118　腰背动作 14

5．健美操组合训练

（1）第 1 小节：如图 8-119 所示，原地踏步，先走左脚，双手摆臂，共做 2 个 8 拍。

（2）第 2 小节：如图 8-120 所示，前后三步一点，双手叉腰，往前先迈左脚，一拍迈一次脚。在第 4 拍时右脚点地，往后先退右脚，第 4 拍左脚点地，共做 2 个 8 拍。

（3）第 3 小节：如图 8-121 所示，在第 2 小节步伐的基础上加手，前后走步时，双臂在身体两侧摆臂，第 4 拍时双臂上举，在头上击掌，共做 4 个 8 拍。

（4）第 4 小节：如图 8-122 所示，前后三步一吸，双手叉腰，往前先迈左脚，在第 4 拍时，右脚吸腿，往后先退右脚，共做 4 个 8 拍。

图 8-119　健美操组合 1　图 8-120　健美操组合 2　图 8-121　健美操组合 3　图 8-122　健美操组合 4

（5）第 5 小节：如图 8-123 和图 8-124 所示，在第 4 小节步伐的基础上加手，前两拍双手握拳在胸前转手，第 3 拍时打开双臂平举，第 4 拍吸腿的同时击掌。

（6）第 6 小节：如图 8-125 和图 8-126 所示，双手背后，先迈左脚，右脚点地，然后再迈右脚，左脚点地，共 4 次，1 个 8 拍。

（7）第 7 小节：如图 8-127 所示，踏步后退，双手摆臂，共 1 个 8 拍。

（8）第 8 小节：反复做第 6、7 小节 1 次，结束。

图8-123　健美操 组合5	图8-124　健美操 组合6	图8-125　健美操 组合7	图8-126　健美操 组合8	图8-127　健美操 组合9

任务三　瑜　伽

知识点

（1）瑜伽概述；
（2）瑜伽的动作要领。

能力要求

完成瑜伽的基本动作。

一、瑜伽概述

瑜伽一词，是从印度梵语而来，其是一个发音，其含意为"一致""结合"或"和谐"。瑜伽就是一个通过提升意识，帮助人充分发挥潜能的体系。瑜伽姿势运用古老而易于掌握的技巧，改善人们生理、心理、情感和精神方面的能力，是一种达到身体、心灵与精神和谐统一的运动方式。

近年在世界各地兴起的瑜伽，并非只是一套时髦的健身运动这么简单。瑜伽是一种非常古老的能量知识修炼方法，集哲学、科学和艺术于一身。瑜伽的基础建立在古印度哲学上，数千年来，其心理、生理和精神上的戒律已经成为印度文化中的一个重要组成部分。

二、瑜伽的动作要领

1. 拜日式

拜日式通常作为瑜伽体位练习时的热身动作，它能有效地调节人体各个系统的功能（消化、骨骼、呼吸、内分泌、神经、肌肉等），使人精力充沛，心情愉悦，其具体步骤如下。

（1）如图8-128所示，直立，双手胸前合十，正常呼吸。
（2）如图8-129所示，吸气，上半身以腰部为轴向后仰，髋关节向前推，夹紧臀部肌肉。
（3）如图8-130所示，呼气，向前弯，伸直双腿，双手抱双脚踝。

（4）如图 8-131 所示，吸气，右腿向后伸展，左腿向前弓步。

图 8-128　拜日式 1　图 8-129　拜日式 2　图 8-130　拜日式 3　图 8-131　拜日式 4

（5）如图 8-132 所示，头向后弯，胸部向前挺出，背部成凹拱形。

（6）如图 8-133 所示，呼气，同时右脚后移与左脚并拢，脚跟向上，臀部向后方和上方收起，双臂、双腿伸直。

（7）如图 8-134 所示，呼气，臀部向后上方抬起，背部下压，重心在两臂和两腿上。

（8）如图 8-135 所示，呼气，臀部前移，弯曲两肘，胸部朝向地板放低，腹部、大腿接触地面。

图 8-132　拜日式 5　　　　图 8-133　拜日式 6　　　　图 8-134　拜日式 7

图 8-135　拜日式 8

（9）如图 8-136 所示，吸气，伸直两臂，上身从腰部向上升起，头部后仰。

（10）如图 8-137 所示，呼气，臀部腾空。

图 8-136　拜日式 9　　　　　　图 8-137　拜日式 10

（11）如图 8-138 所示，吸气，左腿向前弓步，右腿向后伸展。

（12）如图 8-139 所示，吸气，左腿向前弓步，头向后弯，胸部向前挺出，背部成凹拱形。

图 8-138　拜日式 11

图 8-139　拜日式 12

（13）如图 8-140 所示，呼气，收回右腿与左腿并拢，伸直双腿，双手抱双小腿。

（14）如图 8-141 所示，吸气，身体缓慢恢复正直，上半身以腰部为轴向后仰，髋关节向前推，夹紧臀部肌肉。

（15）如图 8-142 所示，呼气，身体回复正直，双手胸前合十，正常呼吸。

（16）拜日式连续动作演示如图 8-143 所示。

图 8-140　拜日式 13

图 8-141　拜日式 14

图 8-142　拜日式 15

图 8-143　拜日式连续动作演示

2. 眼镜蛇式

眼镜蛇式瑜伽体位法具有强健脊柱，解除便秘的困扰，还具有有效调节女性月经失调的神奇功效。其具体动作如下。

如图 8-144 所示，俯卧，双手放于胸部两侧，掌心向下，吸气同时抬起头、肩、上身躯干，眼睛向上看。正常呼吸，坚持 30 s，呼气还原。

图 8-144　眼镜蛇式

3. 三角伸展式

三角伸展式瑜伽体位法能够有效地消减腰部多余脂肪，同时使脸部焕发动人的健康色泽。其具体练习步骤如下。

（1）如图 8-145 所示，双腿宽阔地分开，脚尖微微向外。吸气，双手平伸。

（2）如图 8-146 所示，呼气，向右侧弯腰，右手抓住右脚踝，保持两臂成一条直线，保持姿势 10 s，正常呼吸。

（3）如图 8-147 所示，吸气，慢慢回复基本三角式。然后做反向练习。

图 8-145　三角伸展式 1　　　图 8-146　三角伸展式 2　　　图 8-147　三角伸展式 3

4. 猫伸展式

猫伸展式瑜伽体位法具有消除腹部多余脂肪，增强消化功能，消除月经痉挛，治疗白带过多和月经失调等神奇功效。其具体步骤如下。

（1）如图 8-148 所示，双手双膝着地，吸气、抬头、塌腰保持 10 s。

（2）如图 8-149 所示，呼气、垂头拱背 10 s。

图 8-148　猫伸展式 1　　　　　　图 8-149　猫伸展式 2

5. 单腿交换伸展式

单腿交换伸展式瑜伽体位法能够有效地消除腰部多余脂肪。其具体步骤如下。

（1）如图 8-150 所示，保持基本坐姿。

（2）如图 8-151 所示，收左脚至腹股沟，双手抓右脚，吸气挺腰保持 10 s。

图 8–150　单腿交换伸展式 1　　　　　图 8–151　单腿交换伸展式 2

（3）如图 8–152 所示，呼气，向前伏身，胸部尽量贴近大腿，保持 10 s。

（4）如图 8–153 和图 8–154 所示，换脚练习。

图 8–152　单腿交换伸展式 3　　　　　图 8–153　单腿交换伸展式 4

图 8–154　单腿交换伸展式 5

6. 战士一式

战士一式瑜伽体位法能够有效地增强肺活量，减少髋部脂肪，同时增强平衡感与注意力。其具体步骤如下。

（1）如图 8–155 所示，双手合掌高举过头，吸气，两腿分开，呼气，右脚和上半身向右转 90°，左脚右转 15°，左腿前屈，右腿后绷，眼睛看手的方向，正常地呼吸，保持 20～30 s。

（2）如图 8–156 所示，换另一侧练习。

图 8–155　战士一式 1　　　　　图 8–156　战士一式 2

7. 战士二式

战士二式瑜加体位法能够有效地锻炼双腿、背部、腹部，使腿部肌肉变柔韧，并消除腿部抽筋的毛病。其具体步骤如下。

（1）如图 8-157 所示，取基本站姿，吸气，两脚分开，双手侧平举。

（2）如图 8-158 所示，呼气，屈左膝，正常呼吸 30 s。

（3）如图 8-159 和图 8-160 所示，吸气回位，换边练习。

图 8-157　战士二式 1

图 8-158　战士二式 2

图 8-159　战士二式 3

图 8-160　战士二式 4

8. 莲花坐式

莲花坐式瑜伽体位法具有增加上半身的血液循环，强壮脊柱、内脏，预防和治疗疾病的功效，其能使心情平和。

如图 8-161 所示，右脚放在左腿上，接近肚脐，脊柱伸直正常呼吸。左、右脚可交换练习。

9. 山式

山式瑜伽体位法除了具有莲花坐的功效以外，还有舒展胸部，消除双肩僵硬等功效。

如图 8-162 所示，取莲花坐，十指相交，向上翻转，垂头、下巴靠锁骨。正常呼吸 60 s。

10. 双角式

双角式瑜伽体位具有伸展两腿和手臂的肌肉，补养和增强背部及肩部的肌肉群的功效，能够有效地锻炼颈项和扩展胸部。其具体步骤如下。

（1）如图 8-163 所示，取基本站姿，两脚微微分开，吸气，手臂十指交握至背后。

（2）如图 8-164 所示，呼气，上身向前弯腰，头部贴近大腿，两臂向后上方伸展，保持 20 s。吸气，恢复基本站姿。

图 8-161　莲花坐式　　　图 8-162　山式　　　图 8-163　双角式 1　　图 8-164　双角式 2

11. 增延脊柱伸展式

增延脊柱伸展式瑜伽体位法能够有效地补养和增强脊柱，改善女性月经失调，对于抑郁沮丧或易激动的人，是一个极好的锻炼姿势。其具体步骤如下。

如图 8-165 所示，基本站姿，呼气，身体以腰部为轴向前弯曲，逐渐向下，到达极限时保持 30 s，正常呼吸。

图 8-165　增延脊柱伸展式

12. 倾斜式

倾斜式瑜伽体位法具有补养和增强背部肌肉群，滋养内脏，促进血液循环，同时塑造美丽臀部的功效。其具体步骤如下。

（1）如图 8-166 所示，仰卧，双手掌扶地，双脚收至臀部。

（2）如图 8-167 所示，吸气，挺起上身躯干，正常呼吸，保持姿势 10 s。

图 8-166　倾斜式 1　　　　　　　　　图 8-167　倾斜式 2

13. 俯卧放松功

俯卧放松功瑜伽体位法能够给人以全面的休息、松弛和心灵警醒的感觉。轻微地伸展背部、双肩和双臂，有助于消除颈项失枕、纠正弯腰驼背和脊椎盘错位。其具体步骤如下。

如图 8-168 所示，俯卧地上，两臂伸直到头顶之前，闭上双眼，放松全身。注意力放在呼吸上，感受自己在吸气、呼气，保持这种姿势 5～10 min。

图 8-168　俯卧放松功

拓展阅读

瑜伽练习误区

误区一：只有身体柔软的人才适合练习瑜伽

因为练习瑜伽，身体才变得柔软，而非身体柔软的人才适合练习瑜伽。此外瑜伽讲求适度即可，并不追求动作完成的幅度大小，只要练习者尽力而为便可收到理想的效果。

误区二：瑜伽就是一种减肥运动

瑜伽练习的最终目的是身（身体）、心（思维、情绪等）、灵（感知事物的本能）三者的平衡，因此，练习者不仅获得了身体的健康，还获得了心理的健康和本能的发展。就健身而言，瑜伽的作用还包括调节内分泌，治疗和辅助治疗疾病，减缓疲劳和压力，等等。仅仅把瑜伽认为是一种减肥运动的观点是不完全的，减肥只是练习瑜伽的目的之一。

误区三：瑜伽是一种女性化的运动

瑜伽虽然在女性群体中受到了莫大的欢迎，但瑜伽并非女性的专利。瑜伽最初的练习者（或称发明者）全是男性，这一点可从瑜伽的很多动作上得到证实。此外，当今知名的瑜伽大师几乎全是男性。在欧美某些国家，男性练习瑜伽的普及程度甚至高于女性。

误区四：瑜伽需要团体练习才有氛围

团体练习固然有其氛围所在，但瑜伽本质上是一种自我修习的方式，因此，在自我练习的过程中更容易全身心投入，从而收到事半功倍的效果。

误区五：瑜伽就像柔术或舞蹈

瑜伽同柔术、舞蹈的练习目的完全不同，柔术和舞蹈是以表演为主要目的的，而瑜伽的练习目的是从身、心、灵三方面进行全面修习，过程中需要体位、呼吸、冥想、放松等多种技法的配合，其目的是完全的健康和自我修习。瑜伽同柔术、舞蹈虽然形似，却神差千里。

误区六：坚持练习是一件痛苦的事

瑜伽并非一种累人的运动，相反它可以解除疲劳，焕发精神，每天练习瑜伽就像做了一个全身由内脏、腺体到肌肉、骨骼，甚至大脑的休闲按摩，其舒适感觉非其他方式所易获得。此外，任何一种健身运动都需要长期的坚持，才能有效果！

任务四　趣味双人舞

知识点

（1）趣味双人舞概述；
（2）趣味双人舞的动作要领。

能力要求

完成趣味双人舞基本动作。

一、趣味双人舞概述

在所有的舞蹈表现形式中，双人舞以其独特的艺术魅力受到很多年青人的欢迎和喜爱。趣味双人舞是在双人舞的基础上添加了一些不同的元素组合而成的，其训练了两个人的配合能力和身体的协调性，活跃了社交气氛，使生活充满活力，在一定程度上激发了舞者的"正能量"。

二、趣味双人舞的动作要领

趣味双人舞第 1 个 8 拍的前 4 拍如图 8-169 所示，后 4 拍重复前 4 拍动作。
动作要点：① 把握身体的律动；② 动作要干脆有力；③ 保持后背的直立感。

（a）1 拍

（b）2 拍

（c）3 拍

（d）4 拍

图 8-169　趣味双人舞第 1 个 8 拍的前 4 拍

趣味双人舞第 2 个 8 拍的前 4 拍如图 8-170 所示。后 4 拍重复前 4 拍动作。
动作要点：① 注意跳跃的律动性；② 注意身体的左右拧动；③ 保持后背的直立感。

（a）1 拍

（b）2 拍

（c）3 拍

（d）4 拍

图 8-170　趣味双人舞第 2 个 8 拍的前 4 拍

趣味双人舞第 3 个 8 拍的前 4 拍如图 8-171 所示，后 4 拍重复前 4 拍动作。
动作要点：① 脚下追赶步要轻巧，快速；② 击掌有力；③ 保持后背的直立感。

（a）1、2 拍

（b）3、4 拍

图 8-171　趣味双人舞第 3 个 8 拍的前 4 拍

趣味双人舞第 4 个 8 拍的前 4 拍如图 8-172 所示，后 4 拍重复前 4 拍的动作。
动作要点：① 转圈时要保持身体的平稳；② 脚下踏步时要有动感；③ 保持后背的直立感。

趣味双人舞第 5 个 8 拍的前 4 拍如图 8-173 所示，后 4 拍重复前 4 拍的动作。
动作要点：① 转圈时要保持身体的平稳；② 脚下踏步时要有动感；③ 保持后背的直立感。

（a）1 拍

（b）2 拍

（c）3 拍

（d）4 拍

图 8-172　趣味双人舞第 4 个 8 拍的前 4 拍

（a）1 拍

（b）2 拍

（c）3 拍

（d）4 拍

图 8-173　趣味双人舞第 5 个 8 拍的前 4 拍

实训分析　　　　　　　　　　　完美形体训练

【实训目标】
（1）能够通过教师讲解、案例讨论掌握相应知识和技能。
（2）加强团队合作能力训练，发挥每一个团队成员的能力，掌握小组讨论、训练、分析、评价的方法，并对讨论问题进行记录和总结，完成相关讨论。
（3）能够形成初步的独立思考能力。
（4）能够培养初步的自主学习能力。

【实训内容与要求】
第一步：由教师介绍实训的目的、方式、要求，调动学生实训的积极性。
第二步：由教师布置模拟实训题目——展示形体芭蕾、健美操、瑜伽和趣味双人舞的基本技巧。
第三步：由教师介绍形体芭蕾、健美操、瑜伽和趣味双人舞的相关知识。
第四步：各小组对教师布置的任务进行讨论和训练，并录制小组成员的动作训练视频。
第五步：根据小组讨论记录及训练视频撰写讨论小结。
第六步：各小组相互评议，教师点评、总结。

【实训成果与检测】
成果要求：
（1）提交讨论记录与视频，作为考核成绩的依据。
（2）能够在规定的时间内完成相关的讨论和训练，团队成员合作撰写实训小结。
评价标准：
（1）上课时积极与教师配合，积极思考、发言。
（2）积极参加小组讨论、训练，分析问题思路要宽，能结合所学理论知识解答问题。
（3）团队成员分工合作较好。

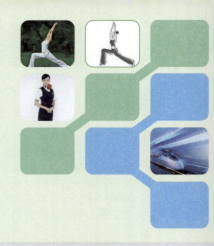

项目九

气质培养

项目导入

　　气质美就是充分反映积极个性心理特征的个性美，它属于内在美、精神美，是以一个人的文化、知识、思想修养、道德品质为基础，通过对待生活的态度、情感、行为等直观地表现出来的。人们观察、评价一个人的气质时，往往由表及里，透过对方的眼光、神情、谈吐来观察其气质。在现实生活中，气质好的人能给人美的享受。例如，外貌秀丽、举止端庄、性格温柔的人给人恬静的静态气质美；身材魁梧、行动矫健、性格豪爽的人给人粗犷的动态气质美；外貌英俊、举止文雅、性格沉稳的人给人高洁优雅的气质美。同时也有相当数量的人只注意穿着打扮，并不注意自己的气质是否给人美感。这种简单的外表美总是肤浅而短暂的，如同天上的流云，转瞬即逝。气质美看似无形，实为有形。气质外化在一个人的举手投足之间。追求美而不误解美、亵渎美，这就要求每个热爱美、追求美的人从生活中领悟美的真谛，把美的外貌、美的气质、美的德行与美的语言结合起来，展现一个集人格美、气质美、外表美于一体的美好形象。

▶ 项目知识结构框图

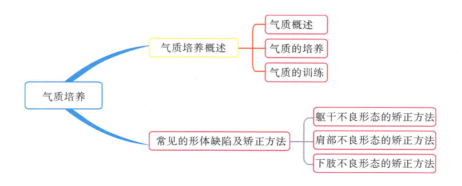

任务一　气质培养概述

知 识 点

（1）气质概述；
（2）气质的培养；
（3）气质的训练。

能力要求

掌握气质的训练方法。

一、气质概述

1. 气质的概念

气质是表现在心理活动的强度、速度、灵活性与指向性等方面的一种稳定的心理特征。人的气质差异是先天形成的，受神经系统活动过程的特性所制约。孩子刚一出生时，最先表现出来的差异就是气质差异，有的孩子爱哭好动，有的孩子平稳安静。

气质给人们的言行涂上某种色彩，但不能决定人的社会价值，也不直接具有社会道德评价含义。气质不能决定一个人的成就，任何气质的人只要经过自己的努力都能在不同实践领域中取得成就，但也可能成为平庸无为的人。

气质是人的个性心理特征之一，它是指在人的认识、情感、言语、行动中，心理活动发生时力量的强弱、变化的快慢和均衡程度等稳定的动力特征。其主要表现在情绪体验的快慢、强弱、表现的隐显及动作的灵敏或迟钝方面，因而它为人的全部心理活动"染"上了一层浓厚的色彩。

气质是一个人从内到外的一种内在的人格魅力。

拓展阅读

气质类型

1. 多血质

灵活性高，易于适应环境变化，善于交际，在工作，学习中精力充沛且效率高；对什么都感兴趣，但情感兴趣易于变化；有些投机取巧，易骄傲，受不了一成不变的生活。多血质气质的代表人物：王熙凤。

2. 黏液质

反应比较缓慢，坚持而稳健地辛勤工作；动作缓慢而沉着，能克制冲动，严格恪守既定的工作制度和生活秩序；情绪不易激动，也不易流露感情；自制力强，不爱显露自己的才能；固定性有余而灵活性不足。黏液质气质的代表人物：薛宝钗。

3. 胆汁质

情绪易激动，反应迅速，行动敏捷，暴躁而有力；性急，有一种强烈而迅速燃烧的"热情"，不能自制；在克服困难上有坚韧不拔的劲头，但不善于考虑能否做到，工作有明显的周期性，能以极大的热情投身于事业，也准备克服且正在克服通向目标的重重困难和障碍，但当精力消耗殆尽时，便失去信心，情绪顿时转为沮丧而一事无成。胆汁质气质的代表人物：晴雯。

4. 抑郁质

高度的情绪易感染性，主观上把很弱的刺激当做强作用来感受，常为微不足道的原因而动感情，且持续时间很长；行动表现上迟缓，有些孤僻；遇到困难时优柔寡断，面临危险时极度恐惧。抑郁质气质的代表人物：林黛玉。

2. 气质特征

每个人都具有先天性的心理特征，这些特征构成了个人独特的心理活动基础。与生俱来的心理特征是稳定的，是人生固有的，它决定了个人的心理活动动力方面的自然属性，因而使每一个人独具自己特有的色彩，例如，"诚实与虚伪、勤奋与懒惰、公正与自私"等都是天生的，这些天赋的心理活动特性是很难改变的，正如俗语所言："青山易改，禀性难移"，但是在环境和教育的影响下，气质特点并非一成不变的，但这种变化较为缓慢和困难。

3. 气质与性格

"气质"这一概念与我们平常说的"秉性""脾气"相近。气质是人生来就具有的心理活动的动力特征。例如，情绪体验的强度、意志努力的强度、知觉的速度、思维的灵活程度。注意力集中时间的长短；有的人倾向于外部事物，从外界获得新印象；有的人倾向于内心世界，经常体验自己的情绪，分析自己的思想等方面在行为上的表现。

性格是个人对现实的稳定的态度和习惯化的行为方式，是人对现实的态度与相应行为方式中较为稳定的心理特征的结合。例如，有的人谦虚谨慎、克己奉公，有的人狂妄自大、懒惰自私；有的人勤勤恳恳、认真负责；有的人马马虎虎敷衍塞责；有的人真诚热情、团结友爱；有的人虚伪奸诈、对人冷淡。所有这些都表明，人对周围事物，事业，同事的不同态度和行为方式都属于性格特征。

性格是反映人的精神面貌的主要标志，一个人的兴趣爱好、行为习惯、知识技能都以性格为核心进行转化。因此，性格可以从本质上反映一个人的个性特征。

性格不是先天具有的，而是在长明的社会活动、劳动实践和环境教育中逐步形成和发展的，遗传因素不起决定作用。

气质是先天形成的，在一生中都比较稳定，但气质也具有一定的可塑性，在极为恶劣的条件或重大生活变故中气质也会发生显著的变化，但是在适当的条件下，还会复原，"江山易改，本性难移"中的"本性"就是指与生俱来的气质。

因此，气质是形成性格的基础，如冲动、暴躁就是气质，内向、外向就是性格。

二、气质的培养

我们这里所提到的气质培养，实际上主要是人格（气质、性格、能力）的培养，因此，气质，是一种内在修养和外在形象的结合，是一种说不清、道不明却又让人真真切切感受到的美，是可以征服人的内心的一种形象，与漂亮不漂亮无关，是厚重的文化底蕴与素质修养的升华，是经得起时间考验的人格魅力。要想培养自身良好的气质，首先要明确良好气质的基本要求，然后掌握正确的培养方法，长期坚持，一定会达到完善原有气质特征，塑造完美形象的目的。

1. 良好气质的要求

良好的气质包括内在气质和外在的气质，是以其丰富的内在素养为底蕴，加上外在形象的塑造而构成的，内在的优良气质应该是远大的理想和坚定的信念、高尚的道德品质、扎实的文化知识、良好的心理素质及积极的创新精神和实践能力。外在的优良气质表现在待人接物、为人处世等交往中的行为得体、语言文明、礼仪庄重、着装得体大方等方面。通过这种内在和外在的气质培养，塑造一个既有人格魅力又具有高雅气质的比较完整的优良气质形象。

如果一个人没有理想、缺乏道德、知识匮乏，会造成内心空虚，那就无法表现出内在的气质美。外在的气质是通过在内在素养孕育的基础上，加上得体的行为举止、文明的语言、庄重的礼仪礼节、大方得体的着装等多方面体现出来的。

良好气质的表现如下。

1）合适的感受性和灵敏性

感受性是指个体对外界刺激达到多大强度时才能引起反应；灵敏性是指个体心理反应的速度和动作的敏捷程度。感受性过高，势必造成精力分散，注意力不集中，影响正常工作；感受性太低，也会出现怠慢现象，必须随时将感受性和灵敏性调节至合适状态。

2）忍耐性和情绪兴奋性不能太低，可塑性要强

忍耐性是指个体遇到各种刺激和压力时的心理承受力。情绪兴奋性是指个体遇到高兴和扫兴时，是否能够控制自己的情绪。人在遇到挫折、压力、巨大挑战的时候，思想情感都会有波动，如遇到尖酸刻薄的人，不可理喻的事能控制情绪于良好状态，就体现出了很高的素质修养。面对这样的问题，我们要选择积极的、催人奋进的语言给自己打气，进行心理暗示、告诉自己一定可以战胜挫折。

3）自信

自信就是相信自己，深信自己有能力去完成自己所负担的各种任务。自信心就像人的能力的催化剂，将人的一切潜能都调动起来，将各部分的功能推动到最佳状态。高水平的发挥在不断反复的基础上，会逐渐巩固成为人的本性的一部分。自信的人表现在对工作的积极性和主动性上，会产生战胜困难的巨大勇气；缺乏自信是一个人性格软弱的表现，表现为缩手缩脚、犹豫不决，丧失勇气而自卑。

4）诚实

诚实待人和诚实待己。一是对人讲真话，忠诚老实，不弄虚作假，不阳奉阴违；二是要诚实地对待自己，如实地反映自己的优缺点，恰当地评价自己。相信别人，待人真诚。并能积极倾听别人的想法，从他们的行为中寻找优点，恰到好处地推崇、赞扬别人。

5）谦虚

谦虚是公认的一种美德，是一种良好的个性品质。"满招损，谦受益"，"莫言人非，莫道己长"确实是一种境界和修养。

6）宽容

宽容，就是能够容忍，有气量，不过分计较和追究，能够谅解他人。做到能以大局为重，不计较个人得失，在非原则问题上能够忍让；能团结和自己意见不同甚至相反的人一道共事，求大同存小异，保持良好的人际关系；不嫉贤妒能，不心胸狭窄。

宽容不是简单的忍受，而是理解、同情、练达、包涵，是因大而容，因容而大。无论遇到多么大的困难，都要认真解决，任何时候都不要为自己的错误找借口，诚恳地感谢指出自己错误的人，有利于错误的改正，同时他人做错事时要给予谅解与包容。保持心情愉快、舒畅，不为芝麻小事烦心，保持阳光心态。

7）具有较强的观察力和准确的判断力

具有敏锐的观察力，通过着装、表情、言谈举止对人和事进行准确的判断。

8）出色的表现能力和表达能力

通过自己的语言、行动和表情，完整、准确、恰当地表达自己的观点和思想，展示自身的魅力。

以上是完美的人格特征，是人一生努力追求的目标。

2. 良好气质的培养

举止得体、语言文明大方、人际关系和谐是完美人格、高雅气质的表现，那么如何培养良好的气质，树立良好的个人形象呢？

1）培养内在美

精神世界的美与丑是形成气质的内在根源，唯有美好的情操才有照人的风采，长期的思想文化和道德品质的修养是形成良好气质的重要因素，为此要倍加珍惜自己的青春年华，立志高远，努力学习，加强道德修养建设。培根说过："读史使人明智，读诗使人灵秀，数学使人周密，科学使人深刻，伦理学使人庄重，逻辑学使人善辩，凡有所学，皆成性格。"唯有内在美，才能导致外在美。内在美的形成非一日之功，它需要不懈地努力，不断地积累，不断地进行思想文化和道德情操的修养才能逐渐培养起来。

首先要树立崇高的理想信念。这是现代人培养气质美的基本前提。理想信念是人生奋斗的目标和指路明灯，没有理想信念的支撑，人只能浑浑噩噩、内心空虚、萎靡不振，所以有人说："没有理想信念的青春是灰色的，没有理想信念的行为是盲目的，没有理想信念的生活是乏味的。"现代人一旦树立了坚定的理想信念，就会朝气蓬勃、充满斗志、乐观向上，朝着明确的目标，以坚强的毅力，努力提高精神境界，塑造高尚的人格。这样，就会在工作和生活中塑造美好、阳光的气质与风度。

其次要培养高尚的道德品质。道德品质的纯洁高尚或庸俗低下是一个现代人是否受欢迎的分水岭。道德高尚的人具有爱心、诚信、真心，其以热爱祖国、服务人民、崇尚科学、辛勤劳动、团结互助、诚实守信、遵纪守法、艰苦奋斗为自己的道德准则，使自己成为引领社会主义道德风尚的楷模。

2）培养语言美

古人云："言，心声也；书，心画也。"语言是心灵之窗，是一个人道德情操和知识水平的反映，因而大学生要在培养键康、文雅、深刻的语言上下功夫。首先，要有健康的语言，即语言所表达的内容要健康、高尚、清洁，健康的语言产生于美好的心灵。一个志向远大、品德高尚、内心充实的大学生，自然会将粗俗的内容排斥于谈吐之外；相反，满嘴污言秽语的人，也正反映出他心灵深处的肮脏。因此，语言美首先要使语言的内容美。其次，要有文雅的语言，即语言要讲究艺术。语言是人与人交往的桥梁，俗话说："良言一句三冬暖，恶语伤人六月寒。"高雅优美的语言可以消除误会，增进友谊，否则，会造成隔阂，甚至酿成大祸。再次，人的语言一定要有深刻性。无论是与人交谈、会上发言还是写文章，都要有深度和一定的见解及水平，切忌言之无物。

3）培养鲜明的个性

良好的气质还表现在鲜明的个性上。现代人要注意个人的涵养，遇事不急、不慌、不怒、不狂；待人接物有主见、有智慧、有度量、有修养，能体贴人、谦让人、帮助人。要做到高雅但不高傲、自尊但不自负、温柔但不懦弱、活泼但不轻浮、开朗但不粗俗、天真但不幼稚、成熟但不世故。

4）培养高雅的兴趣爱好

兴趣爱好广泛也是气质美的内涵之一。作为现代人要努力做到一专多能。一专就是对自己所学的专业、所从事职业的相关知识和业务能力要刻苦钻研、专心致志、有所发现、有所创造。多能就是兴趣爱好广泛，培养爱美之心，如爱好文学、喜欢读书可以使人了解人情世故，还可以提高语言表达能力，显得有书卷气；爱好音乐可以使人更热爱这个动感的世界；爱好美术可以让人感受色彩的美丽，享受这五彩缤纷的世界；爱好体育和舞蹈可以让人身健体美，远离病痛，保持健康。总之，高雅、脱离了低级趣味的兴趣爱好能使人学会欣赏美、追求美、创造美、表现美、演绎美，处处散发出特有的魅力，显示出与众不同的高雅气质。

5）培养高雅的举止

高雅的举止不仅能在外观上给人美感，而且有利于人与人的团结与合作，是气质美的重要标志。培养高雅的举止，应做到如下几点。

（1）彬彬有礼。彬彬有礼的气质风度历来受人们赞誉。待人彬彬有礼，获得的将是友谊和尊敬。

（2）严守纪律。遵守纪律恰恰是有知识、有教养的表现。每个人都应该养成严守纪律的良好习惯。

（3）豁达大度。豁达大度是一种性格美和气质美，表现为待人接物通情达理、颇有胸怀，有最大限度的理解和容忍，并且能够抛弃心胸狭隘和易怒的性格。有的人心胸狭窄，不能容人，常因一些小事就暴跳如雷，或出口伤人，或大打出手，这是个性修养上的一大缺陷，我们应注意克服这些缺陷。

6）培养美观的仪表

仪表是首先映入人们眼帘的气质表现。注重仪表美是热爱生活、积极向上的表现，而不修边幅、邋遢则是消极颓废的反映。对每个人来说，整洁、朴素、大方的仪表最美，每个人在珍惜自己的自然美的同时，如果能根据自身的形体特点和情趣爱好，恰到好处地锦上添花，使原来的自然美与后天的修饰浑然一体、相映生辉，那就更美了。爱美是可贵的，但美并不等于浓妆艳抹。

总之，良好的气质不是生来就有的，而是经过后天努力、长期培养起来的。人的气质美是各具特色的，气质美的表现形式是因人而异的，不能生硬机械地模仿，只能长期培养。

三、气质的训练

气质的培养是一个长期、系统、有意识的过程，而不是一个孤立、片面的过程，是伴随其他素养的建立而形成的。在建立一定素养的同时，气质也逐渐被累积沉淀，最终形成自己独特的风格。当然，在整个素养的培养过程中，气质也应该进行专门的训练，通过这些训练来对气质进行强化，进行专门的培养。

气质的专门训练分为一般的身体训练和心理训练，一般的身体训练包括形体训练等，心理训练是在身体训练的基础上进行的针对思维的训练，它是一个更高层次的训练，是建立在训练者对身体动作、动作意识有一个初步认识及了解的基础上的。

1. 自我暗示法

自我暗示是以内心的主观想象并自信这种想象必能引起相应的生理、心理变化而进行的自我刺激的心理治疗方法。自我暗示的实质是自觉地诱发积极、良好的心理状态，即利用心理状态的可变性，主动地使疾病产生的消极、不良的心理状态，转变成可增强抗病能力的积极、良好的心理状态，并利用心理状态的稳定使其保持下来，以促进病体康复。自我暗示分为语言性自我暗示、动作性自我暗示、情境性自我暗示和睡眠性自我暗示。

1）语言性自我暗示

语言性自我暗示是利用内部语言，即内心独白对自己进行暗示。这种性质的自我暗示常与自己所扮演的社会角色相关。

2）动作性自我暗示

动作性自我暗示是通过意愿性动作，即自认为有助于疾病康复的动作对自己进行暗示。例如，散步、练气功能使身体复原，于是便抱着极大的希望去从事这些活动。

3）情境性自我暗示

情境性自我暗示是创造足以引起积极情绪的情境对自己进行暗示，如认为优美的风景、空气清新的环境能陶冶自己的心情，有利于身体的康复，于是就设法去旅游。

4）睡眠性自我暗示

睡眠性自我暗示是相信睡眠能使人消除疲劳、改善心境，恢复精神和体力，从而利用睡眠对自己进行暗示。

2. 模拟训练法

形体训练的实际动作训练就是模拟训练法的一种。模拟训练是让练习者在某种特定环境下进行有针对性的训练。这是一种设身处地想象的训练方法，其让练习者有一个心理的渐进过程，同时反复进行模拟训练，对练习者形成良好的习惯具有很大的帮助。例如，设定某个特殊的社交场所，设定一些特别的任务，让一个特定的事情发生，身处其中，练习者面对整个事态的发展要做出适当的反应和及时的处理。这实际上是一种适应性的心理训练。通过训练能让人对意外的事件，不适应的变化产生适应性，继而采用最适合的处理方法，做出相应的准备，不至于被突发事件弄得手足无措。模拟训练可以独自进行，也可以在同伴的协助下进行，情景、条件、对象可以自己设定，让练习者经过反复训练，沉着、冷静地面对人或事。

3. 念动训练法

念动训练是对平时身体训练的一种补充训练，它是通过对动作的回忆和想象来实现的。通过想象或回忆某种动作能够引起神经肌肉的相应变化。训练时，要求练习者在安静的地方卧或坐，深呼吸，集中注意力，排除一切杂念，进行想象中的动作练习。例如，想象用最完美的动作姿态去完成一段形体训练的内容，想象这些动作形象生动、具体、详细。设想所要表达的最美的仪态感受、行为举止、语言表达等。这样的训练不仅可以修正自己不正确的姿态，还能培养自己良好的气质，使内在的气质因素与外形身姿融为一体。这种训练的时间一般为 5～10 min，可以在形体训练之前、之后或休息期间进行。

任务二　常见的形体缺陷及矫正方法

（1）躯干不良形态的矫正；

（2）肩部不良形态的矫正；

（3）下肢不良形态的矫正。

掌握形体缺陷的矫正方法。

每个人都希望自己的体形端庄健美，体态挺拔优美，但是遗憾的是，有些人由于种种原因，体形有这样或那样的缺陷和畸形，那么什么是畸形呢？畸形是指人体由遗传或后天营养不良及长时间不正确的姿势所导致的骨骼变形和肌肉发育不平衡的现象。

畸形给体形健美和身体发育与健康带来了不良影响，特别是有些较轻度的畸形，由于不影响正常的生活和学习往往不被人们所重视，久而久之，导致了畸形的加重。严重者甚至影响正常的学习和生活，到了中青年时期，随着骨结构的完全形成，完全靠做矫正操和体育锻炼效果已不是很明显，必须采取治疗和体育锻炼相结合的方法才能奏效。对于青少年来说，由于他们的骨结构还没有完全形成，长期坚持做矫正操和参加适当的体育锻炼是完全可以矫正的。

一、躯干不良形态的矫正方法

1. 含胸驼背矫正训练

含胸驼背是指胸椎后突所引起的形态改变，不是脊柱本身有病变。一般来说，含胸驼背一方面是长期不正确的看书、写字、上网等姿势或过度使用手机造成的；另一方面则是在平时的坐、立、行走中不注意正确姿势或从小受他人不良姿势的影响造成的。含胸驼背易给他人留下不大方、不自信，缺乏朝气的印象。含胸驼背的不良形态较容易矫正，矫正的重点是加强腰背部和脊柱周围肌力的锻炼及肩胸部位的柔韧性练习，同时要在日常生活中注意保持舒展挺拔的身体姿态。

1）站立抬头展胸

练习方法：两腿开立，双手于体后交叉相握，头后仰。尽力挺胸展肩，用力向后伸展头颈和肩胸。拉伸控制1～4个8拍，然后放松，多次重复练习。

2）振肩，肩绕环

练习方法：两腿开立，两臂伸直上举，两手交叉相握，掌心向上，有节奏地用力向后振动肩胸，2拍1动，连续拉伸2～4个8拍，然后向后做展胸，手臂绕环运动。1个8拍完成1次绕环运动，连续完成4～8个8拍。

3）含胸、展胸

练习方法：两腿开立，两臂侧平举。躯干开始用力，逐渐松腰、低头、含胸弓背，同时两臂抱于胸前稍屈膝下蹲，然后立腰、抬头挺胸，同时两臂向后打开至水平侧后举（掌心向下），两腿直立，含胸、展胸动作要充分、幅度要大、速度要均匀缓慢。可按照节拍练习，4拍1动，连续完成8～12个8拍。

4）扶把拉伸肩胸

练习方法：两腿开立，双手与肩同宽扶把，上体前屈至水平位，向下慢慢用力拉伸肩胸部位肌肉韧带，也可在同伴的帮助下完成练习，效果更好。可进行动力性拉伸与静力性拉伸相结合的训练，2拍或4拍1动，连续完成8～12个8拍。

5）坐立抬头展胸

练习方法：端坐于椅子或垫上，双手于头后交叉相握，头后仰，后背用力挺直，充分立腰挺胸，做4个8拍后放松，多次重复练习。

6）跪立体后屈

练习方法：跪立，头后仰，躯干后屈，两手抓住踝关节，完成体后屈动作，控制1～2个8拍后放松，多次重复练习。

7）仰卧挺身起

练习方法：仰卧，两臂侧举放于垫上。通过依次向上用力顶腰、挺胸、抬头、收腹，带动躯干后屈抬起至坐立位置，然后回到仰卧姿势。4～8次为1组，每次连续完成2～3组。

8）俯卧抬上体

练习方法：俯卧，双手于头后交叉相握，两脚固定住（或由同伴压住脚踝），腰背肌用力，向上抬起上体至45°位置，控制1～2个8拍，然后躯干有控制地下落至俯卧。8～12次为1组，每次连续完成2～3组。

9）仰卧起桥

练习方法：仰卧，双手双脚屈膝支撑，躯干向上用力挺起，呈形似桥状的拱形支撑（双手和双脚距离越近，上体伸展得越充分）。控制4～8拍后，躺下呈仰卧姿势。连续完成2～4次。

2. 挺腹矫正训练

挺腹一方面是由于腹部脂肪增厚面隆起，使上身自然向后仰，这种情况常见于年龄较大的身体肥胖者；另一方面是由于腹肌力量差，缺乏收腹意识，没建立起挺拔向上的形体姿态，这种现象在男女青年中不乏存在。

1）仰卧起坐

练习方法：仰卧，两腿伸直并拢，两臂上举，上体前屈，尽量使腹部贴于腿上，两手触及脚面，复原，反复做。

2）仰卧举腿

练习方法：仰卧，两腿伸直并拢，两臂向上，两手枕于脑后，以髋关节为轴，双腿向上屈90°以上，复原，反复做。

3）直角坐

练习方法：仰卧，两腿并拢，两臂伸直上举，上身和腿同时向上屈起，双手拍脚背，反复若干次。

4）转体

练习方法：取坐姿，脚固定，上体稍后仰，两手置于脑后。向左、右两侧转体，反复做。另外还可做侧卧起坐练习等。可根据自己的身体情况进行不同的组数和次数的训练，循序渐进。

3. 扁平胸矫正训练

形成扁平胸的主要原因是胸部肌肉发育不良。尤其是女性，在胸腔上有胸小肌和胸大肌，在胸肌表面有半球形的乳房，乳房主要由乳腺和脂肪组成。乳房的大小和形状随年龄的不同而有差异，对于那些雌性激素不足并且偏瘦的女青年，她们的乳房扁平偏小。

1）仰卧垫上

练习方法：两臂侧举，手持哑铃，随即吸气，两臂用力向上夹胸举起，同时挺胸，收腹，抬头，停 4 s，然后呼气还原，重复 15～20 次，练习 3 组。

2）俯卧撑

练习方法：可以分腿，也可以并腿；可以手脚同一高度，也可以脚高手低。当吸气时，两臂用力撑地屈肘与地面平行，同时抬头、挺胸，还原成俯卧姿势。重复 15～20 次，练习 3 组。

3）使用拉力器

练习方法：自然站立，两脚开立同肩宽，紧腰、收腹、挺胸，两手分别握拉力器的两端，两臂伸直举至胸前，深吸气的同时，两手平稳而均匀地将拉力器向两侧拉开，到最大限度后控制 2～3 s，然后呼气，慢慢还原。重复 15～20 次，练习 3 组。

4）平卧推举

练习方法：两腿分开躺在凳子上，身体保持平稳，呈挺胸沉肩状，双手掌心朝上握哑铃，握距与肩同宽或大于肩的宽度，将哑铃横放在胸部外侧处。随即吸气，两臂用力向上推起哑铃，手臂伸直，控制 2～3 s，然后呼气，慢慢放下哑铃还原。重复 10～12 次，练习 3 组。

二、肩部不良形态的矫正方法

肩部不良形态主要表现为斜肩和溜肩。

1. 斜肩矫正训练

在日常生活中，斜肩一般表现为两种：一种是肩向一侧倾斜；另一种为一肩高，另一肩低。造成斜肩的主要原因是肩部长期用力不均，使两侧肩部的肌肉力量发展不均衡。例如，长期用一侧肩背书包、扛重物，持续使用优势上肢或常以松懈不正确的姿势打电话、看书写字或上网等，易使某一侧肩关节周围的软组织长期处于紧张状态，造成该侧肩以下部位的肌群力量弱化，而肩以上部位的肌群被强化（另一侧则相反），从而导致两肩高低不一，形成斜肩的不良姿态。严重者还会形成脊柱侧弯。因此，斜肩的矫正，重点应加强弱侧肩部、颈部和背部肌肉的锻炼。

1）肩绕环

练习方法：直立，两臂侧平举。两臂同时向内肩环绕 1 周，然后向外肩环绕 1 周。8 拍完成 1 次绕环，连续完成 8～12 个 8 拍；两臂同时向后肩环绕 1 周，然后向前肩环绕 1 周。8 拍完成 1 次绕环，连续完成 8～12 个 8 拍。

2）提肩、沉肩

练习方法：直立，两臂自然下垂同时有节奏地完成上提和下沉动作，1 拍 1 动，连续完成 2～4 个 8 拍。然后两肩依次完成上提和下沉动作。1 拍 1 动，连续完成 4～6 个 8 拍。进行提肩沉肩练习时，还可以手持一定重量的哑铃完成练习。

3）单臂持铃提拉

练习方法：肩低的一侧手握哑铃，下举两腿开立或坐立。持铃手臂侧向匀速抬起至侧平举，然后有控制地还原。连续做 8～12 次为 1 组，完成 3～5 组。

4）俯撑移动

练习方法：俯卧支撑，身体保持平直，脚背触地，两臂支撑交替向前移动，腰腹控制用力，带动身体前行。行走 10～15 m 为 1 组，完成 2～3 组。

5）斜身倒立

练习方法：背对墙蹲立，距离墙约 50 cm，两手与肩同宽，在体前撑地，两腿蹬墙做斜身倒立动作。控制 20～30 s 为 1 组，练习 2～3 组。

2. 溜肩矫正训练

溜肩又叫垂肩，是指肩部与颈部的角度较大。溜肩常伴有含胸驼背等不良形态。造成溜肩的原因，一方面是遗传，另一方面则主要是日常生活中的含胸驼背姿势及身体活动较少，最终致使肩部锁骨和肩胛骨周围附着的各肌肉群（三角肌、胸大肌、背阔肌等）软弱无力，使锁骨和肩胛骨远端下垂。对于女性来说，溜肩尤其影响形体的美观。溜肩可通过以下训练加以矫正。

1）耸肩

练习方法：站立或坐立，上体保持正直，耸肩，即两肩同时上提，控制 4 拍，然后放松还原，连续完成 4～8 个 8 拍。也可双手持哑铃完成耸肩练习。

2）双臂持铃提拉

练习方法：站立或坐立，上体保持正直，双手持哑铃放于体侧。两臂同时抬起至侧平举，控制 4～8 拍，继续抬起至侧上举，控制 4～8 拍，然后有控制地还原。4～8 个 8 拍为 1 组，每次连续完成 2～3 组。

3）双臂负重推举

练习方法：两脚开立，两手持哑铃于胸前屈肘，拳心相对。两臂用力向上推直至上举，拳心相对，然后有控制地还原。10～20 次为 1 组，每次连续完成 2～3 组。

4）俯（跪）卧撑

练习方法：俯卧支撑（男性），两手与肩同宽，两腿并拢或分开，连续完成 20～30 个俯卧撑为 1 组，完成 2～3 组；跪卧支撑（女性），两臂与肩同宽，10～20 个跪卧撑为 1 组，每次连续完成 2～3 组。

拓展阅读

高 低 肩

高低肩指两只肩膀不在同一水平线，其由先天性原因和后天不良姿势原因造成。先天性高低肩需去医院治疗，后天性可进行矫正训练。

高低肩矫正训练方法如下。

（1）俯身飞鸟：双脚打开比肩略宽，膝盖微曲，上半身前倾，腰腹收紧，背部挺直，双手握住哑铃，手臂自然下垂，肩部肌肉发力打开双臂至最高点，顶峰收缩停顿 2～3 s，呼气，缓慢放下，重复。

（2）强化肩胛骨：双臂自然下垂，两侧肩部齐平，肩膀下沉向后下方挤压肩胛骨，保持这个姿势 3～5 s，休息片刻之后再进行 9 次。

（3）每日一站：脚跟、小腿、臀部、肩胛骨、后脑勺贴住墙壁，下巴水平，两肩同高，手臂自然伸直，收紧腹部、臀部和大腿，坚持 5～10 min。此动作还可改善 O 形腿、盆骨前倾、圆肩、驼背等。

三、下肢不良形态的矫正方法

下肢不良形态主要为 O 形腿（俗称罗圈腿）、X 形腿和八字脚。

1. O形腿矫正训练

O 形腿是指膝关节内翻，双脚踝部并拢但双膝不能靠拢，形成 O 形。O 形腿主要是儿童时期骨骼发育不良所致。医学上一般将此类症状划分成三个程度，即轻度（两膝间距在 3 cm 及以内）、中度（两膝间距在 3 cm 以上）和重度（走路时左右摇摆）。矫正 O 形腿应重点锻炼腿部相应的肌肉和腿部内侧的柔韧性，同时有针对性地进行站立姿态的训练。

1）腿屈伸或蹲起

练习方法：直立，两脚并拢，两手扶住大腿中部，2 拍 1 动，匀速而有控制地完成腿的屈伸练习。连续完成 2 个 8 拍，然后加大动作幅度，4 拍 1 动，完成下蹲、起立练习。连续完成 4～8 个 8 拍。

2）半蹲夹膝

练习方法：两脚相距 30 cm 左右开立，两手扶膝，呈屈膝半蹲姿势，两膝向内逐渐相对用力，靠拢，夹紧两膝，坚持，然后放松。重复 4～6 个 8 拍。

3）脚尖脚跟外展、内收

练习方法：两腿并拢站立，先以脚跟为轴（支撑点），有节奏地完成脚尖外展、内收动作，2 拍 1 动，连续完成 4～8 个 8 拍。然后以脚尖为轴（支撑点），有节奏地完成脚跟外展、内收动作，2 拍 1 动。连续完 4～8 个 8 拍。在完成动作过程中，两腿始终伸直并拢。

4）跪坐小腿外展

练习方法：跪于垫上，双手撑地。呈跪撑姿势。两脚和小腿逐渐向外用力打开，控制一个 8 拍，然后收拢放松。连续完成 4～8 个 8 拍。

5）双脚夹球

练习方法：坐于椅上，膝盖并拢，用两脚夹往排球向内逐渐用力。坚持 1 个 8 拍然后放松。连续完成 4～8 个 8 拍。

6）夹球蹲跳

练习方法：两脚踝内侧夹排球，两手扶在两腿上，两膝向内用力夹紧，两脚跟提起，下蹲（膝角大于 90°），做向前连续的蹲跳动作。连续跳 15～20 次为 1 组，做 2～3 组。

拓展阅读

O 形 腿

O 形腿也叫膝内翻，是以两下肢自然伸直或站立时，两足内踝能相碰而两膝不能靠拢为主要表现的畸形疾病。

O 形腿原因：缺钙、遗传、长期穿高跟鞋、走姿站姿不准确等。

O 形腿自测：自然站立在镜子前，观察自己的腿，膝盖如果不能自然靠拢为 O 形腿。

O 形腿的矫正：O 形腿可通过手术、夹板、绑腿、锻炼、矫正鞋垫等矫正。手术适用于骨性畸形的患者和 O 形腿严重的患者。非手术手段为一些矫正锻炼，要取得效果需要长期坚持。

2. X形腿矫正训练

X形腿是指站立时两膝并拢，但两脚跟不能并拢，间隔距离在1.5 cm以上的均属于X形腿。X形腿是先天遗传或后天疾病、创伤、营养不良及幼儿时期坐立行走的姿势不正确和双腿负荷过重所造成的。其是股骨过度内收、内旋和胫骨外展、外旋形成的一种骨关节异常现象。X形腿的矫正相对困难，但是长期坚持练习，也会收到一定的效果。

1）盘坐压腿

练习方法：坐立。左腿于体前伸直，屈膝外展，右脚放于左腿内侧，左手扶住右脚脚踝，右手扶右膝内侧，右手逐渐向下用力压住右膝至最大幅度。控制2～4个8拍，然后慢慢松手还原。重复4～8个8拍，两腿交替练习。

2）直腿夹球

练习方法：坐于椅上，两手后撑椅。两踝夹住排球，脚跟着地。用脚带动腿逐渐向内夹紧球，并抬起至45°位置。控制1～2个8拍，然后放松还原。重复4～8个8拍。

3）坐立压腿

练习方法：左腿向前伸直打开，右腿于体前屈膝着地。上体前倾并稍向右转，胸部贴近膝关节内侧。两臂充分前伸至最大限度。控制2～4个8拍，然后放松还原。重复1～8个8拍，两腿交替练习。

4）坐立展膝

练习方法：坐立，两膝外展，两脚掌相合并拢，两手分别扶住同侧膝关节，两手有节奏地用力下压膝关节，使两膝向外充分展开，两脚掌尽量并拢，控制1～2个八拍，然后放松。重复4～8个八拍。

拓展阅读

X 形 腿

X形腿，学名为膝外翻，是指膝关节向外翻转，表现为两下肢自然伸直或站立时，两膝能相碰，两足内踝不能靠拢。

X形腿如何判别：两足并立时，首先是两侧膝关节碰在一起，而两足跟则靠不拢。双脚并拢后只有膝盖能接触到，大腿小腿间都有缝隙。

X形腿的危害：影响体型与健美，严重的会引起膝关节行走时疼痛，关节的活动也受到影响，容易导致骨膝关节炎。

3. 八字脚矫正训练

八字脚有外八字和内八字之分。走路时两脚尖向内扣的称为内八字，走路时两脚尖向外撇的称为外八字。常见的大多是外八字脚，它是因为幼儿时期过早站立，学习走路，腿的力量弱，很难保持身体平衡，脚尖自然地向左右分开，慢慢形成的不良习惯。一般情况下，脚尖内扣或外撇不明显的则不称为八字脚。如果脚尖指的方向与前进方向之间的夹角超过40°，影响到了脚形和行走，形成了八字脚，就需要矫正。

1）沿直线走跑

练习方法：自然站立，两手叉腰或前后自然摆动。在地上画一条直线，有节奏地沿直线向前行走。行走时，膝关节和脚尖正对前方，脚尖和脚跟保持在一条直线上。1拍1动，连续行走4～8个8拍。

2）跳下台阶

练习方法：站于高约 20～30 cm 的台阶上，反复练习从台阶上往下跳的动作。在空中绷直脚背、膝盖，并拢脚尖，有控制地落地，落地时两脚完全并拢。连续完成跳跃动作 10～15 次。

3）负重蹲起

练习方法：肩扛杠铃站立，两脚站位与八字脚形态相反，即外（内）八字脚，以内（外）八字脚站立。有控制地匀速完成半蹲、站立练习。4 拍 1 动。4～6 个 8 拍为 1 组，每次连续完成 2～3 组。

4）负重提踵

练习方法：肩扛杠铃开立，脚尖正对前方。保持正确的脚形，有控制地完成提踵练习。2 拍 1 动，2～4 个 8 拍为 1 组，每次连续完成 2～3 组。

拓展阅读

八 字 脚

八字脚，就是指在走路时两脚分开像"八字"，分为内八字和外八字，都是足部错误受力所致。

八字脚的原因：儿时过早学走路、学站立，过早穿皮鞋；体内缺钙；长期舞蹈训练等。

八字脚的危害：容易造成扁平足，影响跑步，还可能引起膝关节外侧严重摩擦等。

八字脚怎么矫正：穿戴矫正鞋，进行一些矫正训练等。具体矫正训练，方法如下。

（1）摆正脚：走路时注意把脚摆正，其辅助练习如下。

（2）走直线：在地上画一直线，沿着线来回走。要求脚跟和脚掌的内沿踏在线上。

（3）踢类运动：纠正男士的八字脚时，可做踢足球练习。纠正外八字脚用脚背外侧踢球，内八字脚用脚内侧踢球。纠正女孩的八字脚，可做踢毽子练习。纠正外八字脚时用双脚内侧踢；纠正内八字脚则用脚外侧踢。

实训分析　　　　　　　　气质培养及不良形态矫正

【实训目标】

（1）能够通过教师讲解、案例讨论掌握相应知识和技能。

（2）加强团队合作与训练，发挥每一个团队成员的能力，掌握小组讨论、训练、分析、评价的方法，并对讨论问题和训练进行记录和总结，完成相关讨论和矫正训练。

（3）能够形成初步的独立思考能力。

（4）能够培养初步的自主学习能力。

【实训内容与要求】

第一步：由教师介绍实训的目的、方式、要求，调动学生实训的积极性。

第二步：由教师布置模拟实训题目——气质培养及不良形态矫正动作练习。

第三步：由教师介绍气质及不良形态的相关知识。

第四步：各小组对教师布置的任务进行讨论和训练，记录小组成员的发言，录制不良形态矫正训练动作视频。

第五步：根据小组讨论记录及训练视频撰写讨论小结。

第六步：各小组相互评议，教师点评、总结。

【实训成果与检测】

成果要求：

（1）提交讨论记录与视频，作为考核成绩的依据。

（2）能够在规定的时间内完成相关的讨论和训练，团队成员合作撰写实训小结。

评价标准：

（1）上课时积极与教师配合，积极思考、发言。

（2）积极参加小组讨论、训练，分析问题思路要宽，能结合所学理论知识解答问题。

（3）团队成员分工合作较好。

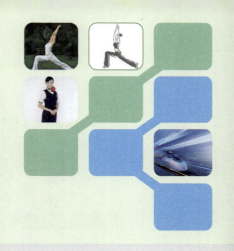

附录A

形体礼仪操示范

1. 点头微笑

点头微笑的第 1 个 8 拍如图 A-1 所示。

（a）1、2 拍

（b）3、4 拍

（c）5、6 拍

（d）7、8 拍

图 A-1　点头微笑的第 1 个 8 拍

点头微笑的第 2 个 8 拍如图 A-2 所示。

（a）1、2 拍

（b）3、4 拍

（c）5、6 拍

（d）7、8 拍

图 A–2　点头微笑的第 2 个 8 拍

点头微笑的第 3 个 8 拍如图 A–3 所示。

（a）1、2 拍

（b）3、4 拍

（c）5、6 拍

（d）7、8 拍

图 A–3　点头微笑的第 3 个 8 拍

点头微笑的第 4 个 8 拍如图 A-4 所示。

（a）1、2 拍

（b）3、4 拍

（c）5、6 拍

（d）7、8 拍

图 A-4　点头微笑的第 4 个 8 拍

2. 行进转体

行进转体的第 1 个 8 拍如图 A-5 所示。

（a）1~3 拍

（b）4 拍

（c）5、6 拍

（d）7、8 拍

图 A-5　行进转体的第 1 个 8 拍

行进转体的第 2 个 8 拍如图 A-6 所示。

（a）1、2 拍

（b）3、4 拍

（c）5、6 拍

（d）7、8 拍

图 A-6　行进转体的第 2 个 8 拍

行进转体的第 3 个 8 拍如图 A-7 所示。

（a）1、2 拍

（b）3~6 拍

（c）7、8 拍

图 A-7　行进转体的第 3 个 8 拍

行进转体的第4个8拍如图A-8所示。

（a）1、2拍

（b）3～6拍

（c）7、8拍

图A-8 行进转体的第4个8拍

3. 鞠躬示意

鞠躬示意的第1个8拍如图A-9所示。

（a）1、2拍

（b）3、4拍

（c）5、6拍

（d）7、8拍

图A-9 鞠躬示意的第1个8拍

鞠躬示意的第 2 个 8 拍如图 A–10 所示。

（a）1、2 拍

（b）3、4 拍

（c）5、6 拍

（d）7、8 拍

图 A–10　鞠躬示意的第 2 个 8 拍

鞠躬示意的第 3 个 8 拍如图 A–11 所示。

（a）1、2 拍

（b）3～6 拍

（c）7、8 拍

图 A–11　鞠躬示意的第 3 个 8 拍

鞠躬示意的第 4 个 8 拍如图 A–12 所示。

（a）1、2 拍

（b）3、4 拍

（c）5、6 拍

（d）7、8 拍

图 A–12　鞠躬示意的第 4 个 8 拍

4. 握手致礼

握手致礼的第 1 个 8 拍如图 A–13 所示。

（a）1、2 拍

（b）3、4 拍

（c）5、6 拍

（d）7、8 拍

图 A–13　握手致礼的第 1 个 8 拍

握手致礼的第 2 个 8 拍如图 A-14 所示。

（a）1、2 拍

（b）3、4 拍

（c）5、6 拍

（d）7、8 拍

图 A-14　握手致礼的第 2 个 8 拍

握手致礼的第 3 个 8 拍如图 A-15 所示。

（a）1、2 拍

（b）3、4 拍

（c）5、6 拍

（d）7、8 拍

图 A-15　握手致礼的第 3 个 8 拍

握手致礼的第4个8拍如图A-16所示。

（a）1、2拍

（b）3、4拍

（c）5、6拍

（d）7、8拍

图A-16 握手致礼的第4个8拍

5. 蹲姿递接

蹲姿递接的第1个8拍如图A-17所示。

（a）1、2拍

（b）3拍

（c）4拍

（d）5、6拍

图A-17 蹲姿递接的第1个8拍

（e）7、8拍

图A-17　蹲姿递接的第1个8拍（续）

蹲姿递接的第2个8拍如图A-18所示。

（a）1、2拍

（b）3、4拍

（c）5、6拍

（d）7、8拍

图A-18　蹲姿递接的第2个8拍

蹲姿递接的第3个8拍如图A-19所示。

（a）1、2拍

（b）3、4拍

图A-19　蹲姿递接的第3个8拍

（c）5拍

（d）6拍

（e）7、8拍

图 A-19 蹲姿递接的第 3 个 8 拍（续）

6. 介绍导视

介绍导视的第 1 个 8 拍如图 A-20 所示。

（a）1、2拍

（b）3、4拍

（c）5、6拍

（d）7、8拍

图 A-20 介绍导视的第 1 个 8 拍

介绍导视的第 2 个 8 拍如图 A-21 所示。

（a）1、2 拍

（b）3、4 拍

（c）5、6 拍

（d）7、8 拍

图 A-21　介绍导视的第 2 个 8 拍

介绍导视的第 3 个 8 拍如图 A-22 所示。

（a）1、2 拍

（b）3、4 拍

（c）5、6 拍

（d）7、8 拍

图 A-22　介绍导视的第 3 个 8 拍

介绍导视的第 4 个 8 拍如图 A–23 所示。

（a）1、2 拍

（b）3、4 拍

（c）5、6 拍

（d）7、8 拍

图 A–23　介绍导视的第 4 个 8 拍

7. 行进引领

行进引领的第 1 个 8 拍如图 A–24 所示。

（a）1、2 拍

（b）3、4 拍

（c）5、6 拍

（d）7、8 拍

图 A–24　行进引领的第 1 个 8 拍

行进引领的第 2 个 8 拍如图 A–25 所示。

（a）1、2 拍

（b）3、4 拍

（c）5、6 拍

（d）7、8 拍

图 A–25　行进引领的第 2 个 8 拍

行进引领的第 3 个 8 拍如图 A–26 所示。

（a）1、2 拍

（b）3、4 拍

（c）5、6 拍

（d）7、8 拍

图 A–26　行进引领的第 3 个 8 拍

行进引领的第 4 个 8 拍如图 A–27 所示。

（a）1、2 拍

（b）3、4 拍

（c）5、6 拍

（d）7、8 拍

图 A–27　行进引领的第 4 个 8 拍

参 考 文 献

[1] 兰云飞，吕佳，梁晓芳. 城市轨道交通服务礼仪：M+Book 版. 北京：北京交通大学出版
社，2016.

[2] 蓝志江，雷莲桂. 高速铁路乘务工作实务. 北京：北京交通大学出版社，2015.

[3] 张英姿. 高速铁路客运服务礼仪. 北京：北京交通大学出版社，2017.

[4] 左婷，魏扬帆. 形体塑造与展示 ［M］. 北京：科学出版社，2012.

[5] 岳建军，马秀花. 形体训练 ［M］. 北京：高等教育出版社，2012.

[6] 杨坤. 芭蕾形体训练教程 ［M］. 北京：高等教育出版社，2009.

[7] 田培培. 形体训练与舞蹈编导基础 ［M］. 上海：上海音乐出版社，2008.

[8] 吴东明，王健. 体能训练 ［M］. 北京：高等教育出版社，2006.

[9] 王伟伟. 礼仪形象学 ［M］. 北京：人民出版社，2005.

[10] 李春华. 古典芭蕾教学法 ［M］. 北京：高等教育出版社，2004.